CHEVAL

1906-1918-1930-1942
1954-1966-1978-1990

Catherine Aubier

avec la collaboration de
Josanne Delangre
et
Patrick Ravignant

MA
EDITIONS

6, rue E. Dubois
75014 Paris

Dans la même collection :

Maquette intérieure et fabrication : J.B. Duméril
Iconographie : Patrick Ravignant
Couverture : Sacha Kleinberg
avec une illustration de Patrice Varin

© M.A. Editions - Paris 1987 - Tous droits réservés
ISBN 2 86 676 284 3

LES MYSTÈRES DE L'ASTROLOGIE CHINOISE

遊觀嚴駕出北城門，天復化作沙門，法服持鉢行步安詳目

止不受死。於是太子，廻車還宮，愍念眾生有老病死苦惱大

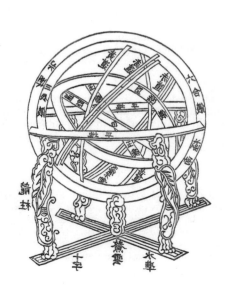

COMMENT LIRE
CET OUVRAGE ?

Chacune des parties de cet ouvrage vous propose une manière particulière de situer votre personnalité dans le cadre de l'astrologie chinoise. Ces différentes perspectives débouchent sur un point de vue élargi, souple et diversifié quant aux principales tendances de votre caractère, de votre comportement et aux grandes lignes de votre destin.

I

Quels sont les traits spécifiques de votre signe chinois, déterminé par *l'année de votre naissance* ?

II

Quel est votre Compagnon de route, c'est-à-dire le signe de *l'heure de votre naissance* ?

III

Quel est *votre Élément* (Terre, Eau, Feu, Bois, Métal) et quelles en sont les caractéristiques ?

IV

La synthèse de votre signe chinois et de votre signe occidental (Bélier, Taureau, etc.) apporte de multiples nuances qui permettent d'affiner sensiblement votre portrait psychologique. Cherchez le *type mixte* auquel vous vous rattachez.

V

Le jeu du *Yi King astrologique* adapte l'antique Livre des Mutations taoïste à chaque signe chinois. Il vous offre la possibilité de poser des questions sur tous les problèmes vous concernant, des plus quotidiens aux plus généraux, et d'obtenir des oracles appropriés à votre situation.

La légende du Bouddha.

Un certain nouvel An chinois, plus de cinq siècles avant notre ère, le Seigneur Bouddha invita tous les animaux de la création, en leur promettant une récompense à la mesure de sa toute-puissante et miraculeuse mansuétude. L'âme obscurcie par leurs préoccupations du moment − ne dit-on pas en Orient que le propre de l'animal est de manger, dormir, s'accoupler et avoir peur ? − presque tous dédaignèrent l'appel du divin Sage. Douze espèces furent toutefois représentées. Ce furent, dans l'ordre de leur arrivée, le Rat, le Buffle, le Tigre, le Chat, le Dragon, le Serpent, le Cheval, la Chèvre, le Singe, le Coq, le Chien et le Sanglier. D'autres traditions remplacent le Chat par le Lièvre et le Sanglier par le Cochon.

Pour les remercier, le Bouddha offrit à chacun une année qui lui serait désormais dédiée, porterait son nom, resterait imprégnée de son symbolisme et de ses tendances psychologiques spécifiques, marquant, d'âge en âge, le caractère et le comportement des hommes naissant cette année-là.

Ainsi fut établi un cycle de douze ans, épousant la succession et le rythme de ce bestiaire fantastique. (On peut imaginer le travail vertigineux des astrologues si toutes les bêtes avaient répondu à cette convocation !)

Telle est la légende.

Un cycle lunaire.

En réalité, l'astrologie chinoise est très antérieure au développement du Bouddhisme dont l'implantation n'a commencé qu'au Ve siècle de l'ère chrétienne, soit environ mille ans après la mission terrestre du Bouddha Gautama. Or des astrologues pratiquaient déjà leur art en Chine dix siècles avant le Christ. Mais les origines mêmes de cette astrologie sont aussi controversées qu'immémoriales.

Un point est incontestable. Contrairement à l'Occident qui a élaboré une astrologie solaire, fondée sur les déplacements apparents de l'astre diurne dont la position change, de mois en mois, dans notre zodiaque, l'Extrême-Orient a édifié une astrologie lunaire, basée sur le cycle annuel des lunaisons. Voilà pourquoi le nouvel An asiatique — fête du Têt chez les Vietnamiens — ne tombe jamais exactement à la même date.

Les phases de la lune sont également importantes pour un astrologue occidental, mais leur signification et leurs implications n'ont rien de comparable, ne s'inscrivant pas dans le même contexte, le même jeu de correspondances. Sans entrer dans des considérations trop scientifiques — qui sortiraient du propos de cet ouvrage — rappelons simplement l'évidente et multiple influence de la lune, tant au niveau des lois physiques — mouvements des marées — que sur des plans plus subtils concernant la vie du corps — menstruation féminine — et les profondeurs les plus obscures du psychisme. Le terme *lunatique* a un sens tout à fait précis, voire clinique. Des études statistiques récentes ont permis par exemple de souligner un étrange et significatif accroissement de la violence et de la criminalité sanglante les soirs de pleine lune.

D'autre part, des expériences rigoureuses ont démontré l'impact direct de notre satellite sur la composition chimique de certains corps, dont la structure moléculaire peut être modifiée, selon qu'ils sont ou non exposés à la lumière lunaire.

Les nuances.

Nous voici donc avec nos douze animaux emblématiques de l'astrologie orientale. Est-ce à dire que toutes les personnes ayant vu le jour dans une même année du Rat ou du Cheval seront soumises aux mêmes schémas de caractère et de destin ? Pas plus que les natifs du Bélier ou de la Balance ne sont tous réductibles à un même scénario zodiacal.

Dans notre astrologie occidentale, la position des planètes, le calcul de l'Ascendant, du Milieu-du-Ciel et des Maisons permettent d'affiner et d'individualiser considérablement un thème. De même, en Asie, on obtient des résultats d'une surprenante minutie et complexité en intégrant aux données initiales des facteurs tels que le *Compagnon de Route*, déterminé par l'heure de naissance (mais à ne pas confondre avec notre Ascendant), et l'*Élément* prédominant, qui se rapporte aux cinq Éléments − *Terre, Eau, Feu, Bois, Métal*.

Ce triple point de vue − *animal emblématique, Compagnon de Route* et *Élément* − offrira au lecteur une diversité de références complémentaires, un ensemble de perspectives plus riches et plus précises, auquel nous avons adjoint un tableau détaillé des rapports entre signes chinois et signes occidentaux : les deux astrologies étant, par nature, toujours différentes, mais jamais contradictoires, leur rapprochement et leur fusion ne pouvaient aboutir qu'à un approfondissement des types psychologiques issus de l'une et de l'autre.

Il faut cependant insister sur le fait que si l'analogie tient une place éminente dans l'astrologie chinoise, elle n'a ni le même sens, ni la même portée souveraine que pour les Occidentaux.

Chaque signe chinois est un univers en soi, un petit cosmos comportant des lois et des domaines propres, tout à fait indépendants des autres signes. Créature vivante, douée de pouvoirs et de fonctions spécifiques, cet animal emblématique se déploie dans une dimension particulière, originale, crée sa jungle, son nuage, ou son souterrain, définit ses mesures, ses cadences, sa respiration, secrète sa propre chimie − ou plutôt son alchimie. C'est une image souple, mobile, fluctuante, assujettie aux métamorphoses et aux contradictions internes.

Il ne faut surtout pas y chercher un cadre fixe, une

structure rigide, une cage de catégories mentales et d'équations psychologiques plus ou moins rassurantes, où calfeutrer et caler un ego angoissé, toujours en quête d'une réconfortante et flatteuse projection de ses désirs et de ses craintes.

Les correspondances qui nous relient à notre signe chinois sont souvent impossibles à figer dans des formules exclusives, des classifications linéaires.

Le symbole asiatique ne se cerne pas ; il se décerne, comme un cadeau des dieux, du Temps et du Mystère, cadeau savoureux ou empoisonné, qu'un Oriental accepte, avec humilité, dans les deux cas, parce qu'il sait que la saveur peut naître du poison, comme le poison de la saveur.

Le Sage

Confucius

Parfois, dans le cours d'une vie, ce sont les circonstances elles-mêmes, plus que tel ou tel trait de caractère, qui semblent véhiculer et concrétiser les principales tendances du signe. En d'autres termes, autour d'un Dragon ou d'un Coq se construira une certaine trame d'événements, majeurs ou mineurs, un peu comme un fond sonore, un arrière-plan symphonique de style Dragon ou Coq.

Avoir et Être.

L'astrologie chinoise inspire et infléchit, depuis des siècles, les décisions et le comportement de centaines de millions d'individus, en Chine, au Japon, en Corée, au Vietnam, avec une intensité qu'il nous est difficile de mesurer et même d'admettre.

Le retour sur soi-même

Pour mieux comprendre l'esprit dans lequel les Asiatiques rattachent cette pratique à leurs problèmes quotidiens, il faut souligner un point capital, qui constitue probablement la différence fondamentale entre les civilisations occidentale et orientale — une ligne de partage et de démarcation quasi infranchissable.

Dans notre société de consommation — quelle que soit la nuance admirative ou péjorative associée à ce terme — la question primordiale, de la naissance à la mort, et à tous les niveaux d'activité, se pose ainsi : « *que puis-je avoir ?* » Acquérir, conquérir, posséder. Avoir : biens matériels, fortune, chance, honneurs, pouvoir, célébrité, succès amoureux, prestige, métier, famille, santé, maison, amis, ou encore culture, savoir, érudition. Que puis-je avoir, conserver, accroître ?

Telle est bien la question lancinante, obsessionnelle, qui sous-tend l'ensemble de nos motivations.

Il suffit de songer aux *modèles* qu'on nous propose : vedettes politiques, super hommes d'affaires, stars du spectacle, artistes ou savants célèbres, champions sportifs, héros de romans noirs ou de bande dessinée, idoles de tous poils, tous ces personnages incarnent le triomphe et la glorification de l'Avoir. Ils peuvent tous dire : « j'ai le plus de puissance, j'ai le plus d'argent, j'ai le plus de records, j'ai le plus de diplômes et de compétences, ou même, j'ai le plus grand amour et, encore, pourquoi pas, j'ai le plus terrible drame, la plus affreuse maladie », etc. La valorisation passe exclusivement par l'avoir.

Bien mieux : la publicité, aujourd'hui omniprésente, consiste, pour l'essentiel, à proclamer qu'il faut absolument *avoir* telle ou telle marque de tel ou tel produit pour *être* — dynamique, séduisant, bien dans sa peau, heureux, comblé.

Pour l'Orient traditionnel, la question décisive n'est pas « *que puis-je avoir ?* » mais « *que puis-je être ?* ».

Le modèle recherché n'est pas celui du grand chef, du superman de la finance, du héros, du champion toutes catégories, mais celui du Sage, pauvre et nu, vivant dans une liberté intérieure totale et une parfaite béatitude. Devant lui, les princes et les magnats se prosternent, car il est l'image de la plus haute réalisation possible de l'homme.

Ajoutons que dans cette perspective, le Sage ne renonce à rien, bien au contraire, puisque ayant atteint la suprême

Les mondes subtils

réalité il est incommensurablement plus riche que les plus fastueux nababs. C'est nous qui, par nos attachements fragmentaires et illusoires, nos convoitises infantiles, nos incessants conflits, renonçons continuellement à la plus merveilleuse félicité – à Dieu.

« Qui suis-je ? » Quelles que soient les approches et les méthodes particulières, écoles, sectes ou ascèses, cette question – en apparence si simple et si banale – est la base et la clef de toute la culture orientale, de ces chemins de libération intérieure, ces voies de connaissance réelle qui se nomment Yoga, Védanta, Tantrisme, Tao, Zen, pour ne citer que les plus connus.

Dans cette optique, la démarche astrologique chinoise peut nous paraître déconcertante. L'Asiatique ne pense pas : *« j'ai* telles prédispositions, aptitudes ou faiblesses, inhérentes à mon horoscope », mais plutôt : « comment puis-je *être* Tigre, ou Chèvre, ou Chien, dans toutes les circonstances de la vie ? »

Les penchants et tendances ne sont jamais l'objet d'un quelconque « avoir », au sens où nous disons couramment : « je possède telle qualité ou tel défaut. » Il s'agit plutôt de directions, impliquant une progression souple et rythmique, une sorte de danse poétique du destin, chaque animal ayant alors son pas, ses pirouettes et ses entrechats, toute une chorégraphie spécifique.

Cette nuance doit être bien perçue pour qui veut évoluer sans s'égarer ni tourner en rond dans cet immense domaine de chatoiements et de mouvances.

Le Yi-King astrologique.

Dans la dernière partie de ce volume, nous proposons un jeu inspiré des oracles du Yi-King, et adapté à chaque signe.

« Le Yi-King, écrit Alan Watts (*Le Bouddhisme Zen*, Payot), est un ouvrage de divination contenant des oracles basés sur 64 figures abstraites, chacune d'elles étant composée de 6 traits. Ces traits sont de deux sortes, traits divisés ou négatifs, et non divisés ou positifs. Un psychologue moderne y verrait une analogie avec le test de Rorschach dont le but est d'établir le portrait mental d'un individu d'après les idées spontanées que lui suggère une tache d'encre au dessin tarabiscoté. Le sujet capable de percevoir ses projections dans la tache d'encre pourrait en déduire des renseignements utiles pour guider son comportement futur. Considéré sous cet angle, l'art divinatoire du Yi-King ne peut être taxé de vulgaire superstition. »

Un pratiquant du Yi-King pourrait en effet soulever une critique de poids concernant les méthodes auxquelles nous faisons appel lorsque nous avons d'importantes décisions à prendre. Nous sommes convaincus que nos décisions sont rationnelles parce que nous nous appuyons sur un faisceau de données valables touchant tel ou tel problème : nous ne

Rapport des signes et des maisons lunaires

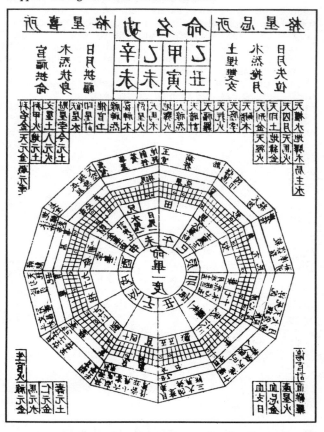

nous en remettons assurément pas au jeu de pile ou face. Il pourrait cependant demander si nous savons quelle information est vraiment valable étant donné que nos plans sont constamment bouleversés par des événements absolument imprévisibles. Si nous étions rigoureusement rationnels dans le choix des informations destinées à guider notre comportement, il faudrait tellement de temps que le moment de l'action serait écoulé avant que l'on ait recueilli suffisamment de données. En fait, si nous nous lançons à la recherche de ces informations d'une façon initialement scientifique, nous sommes rapidement contraints d'agir, soit sur un caprice intuitif, soit parce que nous sommes fatigués de réfléchir ou que le moment est venu de choisir.

Autrement dit, nos décisions les plus importantes sont basées en majeure partie sur des impressions, sur notre capacité à « sentir » une situation.»

Tout pratiquant du Yi-King sait cela. Il sait que sa méthode n'est pas une science exacte, mais un instrument utile et efficace s'il est doué d'une intuition suffisante, ou, comme il dirait, s'il est *« dans le Tao »*...

Immergeons-nous pleinement dans cet univers féérique, afin d'élargir notre vision du monde et d'affiner la perception de notre propre destin.

LE YIN ET LE YANG

Le *Yin* et le *Yang* sont le symbole des deux principes antagonistes et complémentaires dont le jeu indissociable et la constante métamorphose représentent le fondement, le tissu même de l'univers en action. Ils figurent les éternelles paires d'opposés Positif-Négatif, Oui-Non, Blanc-Noir, Jour-Nuit, Plein-Vide, Actif-Passif, Masculin-Féminin, etc. Chacun contient l'autre en germe. C'est pourquoi l'homme (Yang) porte en lui une part féminine (Yin) et la femme (Yin) une part masculine (Yang).

Le couple Yin-Yang est indissoluble et mouvant, chacun des deux termes devenant le terme opposé et complémentaire. C'est ce qu'exprime la traditionnelle figure

Au moment où le Yang (blanc, actif) est à son apogée — partie renflée — le Yin (noir, passif) se substitue à lui insensiblement — partie effilée — et réciproquement.

Le Yin et le Yang n'ont en aucun cas un caractère « moral ». Aucun des deux n'est supérieur ou inférieur à l'autre. Leur opposition est aussi nécessaire et peu conflictuelle que celle de la main gauche et de la main droite qui se frappent pour applaudir.

LES TYPES YIN ET YANG

Le Rat - le Buffle - le Chat - le Singe - le Chien et le Sanglier sont **Yin**.

Le Tigre - le Cheval - le Dragon - le Serpent - la Chèvre et le Coq sont **Yang**.

L'homme Yin

Apparence : L'homme Yin est souvent de forte corpulence, sa taille est moyenne, ses muscles développés. Il jouit d'une excellente résistance physique, et sa santé est solide. Il a souvent le visage rond mais ne sourit pas beaucoup.

Psychologie : L'homme Yin est avant tout préoccupé par lui-même : il a tendance à « tourner autour de son nombril ». Si son comportement est calme, son humeur est instable et dépend des ambiances. Il possède une grande confiance en lui-même, mais craint l'échec.
Sociable, accueillant, il est optimiste vis-à-vis de lui et vis-à-vis des autres. Sa vie est active, il est pragmatique et efficace dans ses entreprises.

L'homme Yang

Apparence : Est de corpulence moyenne, souvent élancé, svelte ; son visage est souriant, il aime les couleurs vives. De santé délicate, il lui est conseillé de prévenir plutôt que guérir.

Psychologie : L'homme Yang est un individualiste porté vers la recherche personnelle, l'évolution, la méditation. Il est intelligent, indépendant, parfois solitaire. Il n'a aucun sens de la hiérarchie, et croit en la liberté. Il préfère l'isolement et le contact avec la nature à la foule. Contrairement à l'homme Yin, il cherche son équilibre en lui-même au lieu de le trouver chez autrui.

Tradition astrologique chinoise de Xavier Frigara et Helen Li, Éditions Dangles.

LE DOMAINE
DU CHEVAL

LE CHEVAL
et son symbolisme

« Le cheval est la plus noble conquête de l'homme »... A condition qu'un *noble* échange s'instaure entre l'homme et la bête. Car, selon la nature des relations qui s'établissent entre le cavalier et sa monture, l'union entre l'homme et le Cheval peut produire un accord profond, exaltant, à la fois organique et psychique (c'est le mythe du Centaure), ou au contraire susciter une violence mortelle. Par la puissance du Cheval, l'homme abolit les distances et s'approprie les grands espaces — ou se voit culbuté, précipité dans le néant.

Traditions, rites et mythes, contes, légendes et poèmes sont là pour nous rappeler les mille et une combinaisons possibles de ce jeu subtil...

Cheval lunaire, ou cheval solaire, cheval blanc, cheval noir. Monture du héros éclaboussé de lumière, ou Cheval fantôme, condamné à errer, telle une âme en peine, à la frontière des mondes, entre rêve et réalité.

Connaissez-vous « le secret de Petit Tonnerre » ?...

Ce Cheval appartient à un héros de bande dessinée, un enfant Indien nommé Yakari, qui connaît le langage des animaux.

Yakari a perdu Petit Tonnerre, qui s'est enfui à travers les plaines et les montagnes rocheuses, pour répondre à un irrésistible appel, celui de l'Esprit-du-peuple-des-chevaux... Petit Tonnerre subit ainsi des épreuves initiatiques : il doit s'élancer dans le vide, s'enfoncer sous la terre, vaincre le feu, plonger dans les eaux glaciales du torrent, puis garder le silence, lorsqu'il retrouve Yakari. On ne saura jamais quels mystères lui ont été révélés, quelle sagesse lui a été transmise.

Cette parabole nous montre que l'homme n'a jamais tout à fait fini de conquérir le Cheval, même s'il comprend son langage.

Le Chien est sans surprise dans sa loyauté, sa fidélité absolue. Le Chat est également sans surprise, à sa manière, dans son indépendance et son étrangeté. Le Cheval est plus déconcertant, car il recèle, sous l'apparente soumission, une part d'insondable secret. Et s'il partage les aventures humaines les plus intenses et les plus sauvages, au péril de sa vie, il ne se donne jamais complètement – comme si quelque chose de son être intime restait inaccessible et hermétique à l'homme qui croit l'asservir.

Créature des ténèbres, sortant des entrailles de la terre, ou jaillissant des profondeurs abyssales de la mer, ou encore noir destrier portant, sur sa croupe, la déesse des ombres, prête à glaner les âmes vagabondes, le Cheval incarne également, dans certaines traditions, l'esprit du blé et symbolise la nouvelle germination ; c'est lui qui traverse l'hiver, le pays de la mort et du froid, avec l'esprit du blé, qu'il transporte et protège, de l'automne au printemps, comblant ainsi la faille hivernale, et assurant l'indispensable renouveau...

Certains rites celtes, notamment irlandais, se rattachent à la figure du Cheval blanc : « Au cours d'une cérémonie des feux de la Saint-Jean, après que tous les paysans eurent sauté par-dessus les braises, on vit apparaître une grande construction en bois d'environ huit pieds de longueur, munie à l'une de ses extrémités d'une tête de cheval et recouverte d'un grand drap blanc qui cachait l'homme qui la portait. On l'accueillit par de grands cris : le cheval blanc ! le cheval blanc ! Le masque sauta par-dessus le feu, puis se lança à la poursuite des spectateurs... » (1). C'était le cheval de l'esprit du blé et du bétail.

(1) *Diction. des symboles*, Jean Chevalier, Alain Gheerbrant, éd. Seghers.

Petit mémento
du Cheval

Principales qualités : loyauté, enthousiasme, esprit d'entreprise.
Principaux défauts : instable, soupe-au-lait, impatient... et bavard.
Dans le travail : ambitieux et entreprenant, mais ne supporte pas l'échec.
Son meilleur rôle : Buffalo Bill... Qui était d'ailleurs né sous le signe du Cheval.
Sa plus mauvaise prestation : pour Monsieur : comptable. Pour Madame : Châtelaine du Moyen Age, attendant que son vainqueur veuille bien revenir... On peut se demander comment une dame Cheval, même avec d'autres conditionnements et dans une autre époque, pouvait supporter les odes langoureuses et le port de la ceinture de chasteté.
Vis-à-vis de l'argent : imprévoyant, dépensier... Mais généreux et désintéressé. Heureusement son réalisme le ramène toujours sur terre.
Sa chance : naître en hiver. Peut-être aura-t-il la tête moins bouillante ?
Il ne peut pas vivre sans : être soutenu, encouragé, complimenté, voire applaudi.
Il adore : les voyages, le changement, le renouvellement...
Ses lieux de prédilection : tous, à partir du moment où il n'est pas chez lui. Son besoin d'évasion est parfois tel qu'il en arrive à préférer la maison des autres...
Il déteste : le silence, le manque de communication.
Ses loisirs : c'est un sportif qui aime se dépenser et ne craint pas le danger. Il aime aussi la compétition et supporte mieux l'échec sur ce plan que sur les autres, car il est « Fair play ».
Couleurs : feu.
Plantes : palmier et oranger.
Fleurs : aubépine, pivoine et capucine.

Métiers Cheval : sportif, moniteur de sports, cow-boy, technicien, syndicaliste, cadre, chauffeur − de course ou de poids lourds. Peintre, poète, explorateur. Et tous les métiers où l'on parle aux autres : orateur, homme politique, coiffeur, barman, speaker...

Les quatre âges de la vie du Cheval
d'après la tradition chinoise

L'enfance et la *jeunesse* du Cheval sont critiques. Très vite il quittera sa famille, devra s'affirmer lui-même, se construire une vie, ce qui n'ira pas sans mal. Il aura des déboires financiers et sentimentaux, devra souvent renoncer à ses acquis pour recommencer autre chose. En revanche, dans sa *maturité* il trouvera le calme et l'équilibre en apprenant la valeur thérapeutique de l'échec et la persévérance ; sa *vieillesse* sera paisible.

La psychologie du Cheval

A l'inverse du Serpent (qui le précède dans le zodiaque chinois) le Cheval est un animal de bonne réputation. Il a fière apparence ; et il est, depuis des siècles, l'ami de l'homme, lui tenant compagnie dans la fièvre des batailles, comme dans la douceur bucolique des campagnes.

Maintenant que les tracteurs ronflants ont, dans les régions « évoluées », remplacé le cheval de trait, un sport comme l'équitation connaît une vogue grandissante auprès des jeunes et des moins jeunes, qui souhaitent connaître l'exaltation grisante des chevauchées, s'intégrer à la nature.

Donc, en général, on aime les chevaux. Certains en ont peur, bien sûr (c'est haut, un cheval ! et ça rue...) mais personne ne soupçonne ce noble animal de turpitudes quelconques. On le dit fidèle, loyal, intelligent...

Mais tout ceci est faux ! en vérité, le cheval − l'animal − a une toute petite cervelle. Il n'est pas très intelligent, plutôt facile à dresser d'ailleurs, et fort craintif : en cas de danger il perd toute mesure, et si on ne le contrôle pas, il peut devenir dangereux.

En plus, physiquement, il est fragile, et ses os se ressoudent mal. Et le signe chinois dans tout cela ? Qu'a-t-il de commun avec son animal totémique ? Une grande chose, essentielle, fondamentale : il a souvent fière et noble apparence, se comporte brillamment, caracole avec élégance ; beaucoup, le jugeant sur l'extérieur, le prennent ainsi pour ce qu'il n'est pas, car au fond le Cheval est un faible, qui manque souvent de sang-froid, et se laisse complètement emporter et dominer par ses sentiments et ses sensations.

Les natifs de ce signe sont essentiellement sociables : ils aiment la compagnie, le monde, les réunions, souhaitent se sentir intégrés et acceptés par leur entourage. De compagnie agréable, beaux parleurs, éloquents, ils plaisent, et aiment plaire. Ils sont donc populaires et savent très bien se mettre en valeur, attirer l'attention sur eux.

Ils semblent parfaitement aptes à faire face à n'importe quelle difficulté, paraissent sûrs d'eux et de leurs possibilités, hors d'atteinte de tout ce qui ressemble, même vaguement, à un doute ou une hésitation. Et pourtant... Au fond d'eux-mêmes, ils sont inquiets, anxieux, vulnérables ; la moindre critique les écorche, le moindre mépris les conduit à se poser des questions sans fin sur leur valeur personnelle. Leur besoin profond, viscéral, d'approbation rend leur humeur instable et les fait dépendre de l'attitude de leur entourage : désapprouvés, rejetés, les Chevaux s'affolent ; si on leur refuse le dialogue, ils perdent leur sang-froid, car ils ne supportent pas le silence – à plus forte raison les bouderies.

J'ai un ami du Cheval, très intelligent et très apprécié dans sa profession ; cependant, ses sautes d'humeur lui sont préjudiciables et nuisent à ses contacts humains ; et lui navigue en permanence entre deux extrêmes, tantôt affirmant avec enthousiasme « Je les écraserai tous parce que c'est moi le meilleur ! », tantôt se rongeant de doutes, faisant de l'autodestruction et se persuadant avec une sombre délectation qu'il est un bon à rien – avec l'espoir secret que quelqu'un va immédiatement lui dire « mais non ! tu es vraiment le plus intelligent, comment peux-tu ne pas le croire... » alors, il repart pour un tour, ardent, fringant... Attendrissant, mais pas sécurisant du tout.

Les Chevaux sont actifs et impatients ; ce sont des fonceurs, obsédés par l'idée de parvenir à leur but – mais changeant parfois de but en cours de route. La chose au monde qui leur fait vraiment très peur, c'est l'échec. Échouer dans une entreprise (affective ou professionnelle) est dramatique pour eux, et peut les conduire aux pires outrances – menaces de suicide y compris. Ils ont un tel besoin d'être motivés, de vivre à fond, intensément, qu'un

ratage est à leurs yeux une sorte de mort. Ils se réfugient dans l'action, afin de ne pas penser aux éventuels obstacles, de ne pas avoir le temps de douter, et pratiquent ainsi ce que les psychologues appellent la « fuite en avant ».

La grande qualité chevaline est la *loyauté* : les Chevaux sont francs et directs. Ils ignorent les détours et les métaphores. Ils se comportent noblement, sont sincères avec leur entourage — mais souvent trop personnels et trop impatients pour prendre le temps de réfléchir aux besoins et aux motivations d'autrui, ce qui fait qu'ils piétinent pas mal les susceptibilités : ce sont des « écrabouilleurs sans le vouloir ».

Adorant communiquer, ils se lient facilement et ont beaucoup d'amis, mais de façon parfois un peu superficielle. Les connaître n'est guère facile, de par leur apparence trompeuse ; dialoguer avec eux non plus, car tout en aimant la discussion, ils manquent souvent de tolérance... En fait ils sont plus doués pour s'exprimer que pour écouter.

Les Chevaux sont coléreux, et lorsqu'ils sont contrariés ils sont capables de piquer des colères noires, enfantines, aveugles, qui leur enlèvent beaucoup de crédit auprès de leur entourage.

En revanche, ils savent très bien discerner, flairer, les arguments qu'on va leur opposer, ce qui leur permet d'avoir le dernier mot.

Impulsifs, ils ne prévoient guère leur action, agissent suivant leur fantaisie, leur désir du moment, de façon parfois emportée, imprévisible, déraisonnable ; ils n'écoutent aucun conseil et n'en font qu'à leur tête. Heureusement, ils possèdent un esprit pratique, pragmatique, réaliste, qui, allié à leur enthousiasme, à leur énergie, leur donne une force impressionnante − et beaucoup d'efficacité.

En fait les Chevaux ont toujours intérêt à ne laisser à personne le temps de se demander ce qu'il y a derrière leur brillante apparence − car ils sont plus doués que réellement intelligents, et manquent parfois de profondeur. Quant à la réflexion, au don d'organisation, ce sont des choses qui leur manquent complètement. Mais ils ont l'esprit vif, rapide, un certain don de répartie, un côté « bon enfant », chaleureux, généreux, qui les rend tellement sympathiques...

Secrètement pessimistes, ils ont besoin d'un appui affectueux pour atteindre à un réel épanouissement, et cherchent aisément leur équilibre dans les autres ; la

solitude leur est pénible, intenable même ; il en résulte un curieux mélange de dépendance affective et d'indépendance, qui est une des ambivalences les plus intéressantes de leur personnalité complexe. La conscience de ce besoin d'autrui, alliée à leur instinct pratique, les rend très forts lorsqu'il s'agit de profiter des gens, voire de les manipuler – le tout sans aucune mauvaise intention, car les Chevaux ignorent la roublardise, la méchanceté, la rancune ; ils sont simplement très égocentriques. C'est à un natif du Cheval – Pasteur – que nous laisserons le soin de clore ce chapitre – par une phrase révélatrice : « Le plus beau mot de notre langue est "enthousiasme". Cela vient du grec *en theo*, un Dieu intérieur. »

Le Cheval de Feu

D'après la tradition chinoise, tous les 60 ans revient l'année du Cheval de Feu. 1906 et 1966 furent des années du Cheval de Feu. La prochaine est 2026.

Au cours de l'année 1965, précédant celle du Cheval de Feu, le taux d'avortement monta, de façon spectaculaire dans tout l'Extrême-Orient : aucune femme ne voulait mettre au monde un rejeton sous cette particulière influence. En effet, les Chevaux de Feu sont néfastes à leur famille, et leur naissance est censée provoquer des catastrophes dans leur entourage.

Il est difficile de vérifier ces dires ; néanmoins, j'ai l'exemple d'un homme né en 1906 – dans l'année qui suit sa naissance, plusieurs décès endeuillèrent sa famille. Autre cas : celui d'une fille charmante, née en 1966, dont les parents se séparèrent de façon assez pénible quelques mois plus tard. Coïncidence ou reflet d'une réalité profonde ? C'est à chacun de faire cette recherche pour lui-même, ou pour les Chevaux qu'il connaît. En revanche, naître durant une année du Cheval de Feu est faste pour le natif lui-même : ses qualités et ses défauts seront multipliés par dix – mais il aura de la chance et se trouvera promis aux plus hautes destinées. Sa vie sera passionnante, passionnée, et mouvementée.

Toujours excessif

Il sera encore plus ardent et fougueux que les autres Chevaux, entreprenant, « jusqu'au boutiste », indéniablement doué, peut-être tout simplement ignorant de la notion de bien et de mal, et cherchant à rompre tous liens susceptibles de ralentir sa course hallucinée...

L'enfant du Cheval

L'enfance est un âge délicat pour le Cheval, car de son adaptation aux nécessités du réel va dépendre la qualité de sa vie future — ainsi que sa réussite éventuelle.

L'enfant du Cheval est indépendant et fougueux ; naturellement confiant, il croit volontiers que les alouettes lui tomberont du ciel toutes rôties, et que jamais, au grand jamais, il n'aura un effort à faire.

Ce côté insouciant le porte à fuir les responsabilités, vivant dans un joyeux désordre, et préférant la cour de récréation aux bancs de l'école. Par ailleurs il est si gentil, si spontané, affectueux et chaleureux, que l'on n'a pas le cœur de le gronder...

Il est pourtant nécessaire d'avoir de l'autorité avec un jeune Cheval, surtout lorsqu'il atteint l'âge scolaire. En

Plein de fougue et de talent

effet, il est habile de ses mains comme de son esprit, apprend tout avec une très grande facilité, assimile aisément, a de la mémoire ; mais la persévérance et la discipline lui font défaut. Il risque donc d'avoir un rendement intellectuel très irrégulier, tantôt premier de sa classe, tantôt dernier, et, de toutes façons, toujours réprimandé et retenu, pour divers motifs, tels que l'insolence, l'étourderie, etc. A vrai dire il a le chic pour provoquer de monstrueuses pagailles derrière le dos des professeurs, en entraînant ses camarades à faire d'énormes bêtises — de celles qui obligent à sévir, mais font rire en secret.

Ce comportement quelque peu anarchique conduit rarement à une scolarité harmonieuse, même si le petit Cheval s'amuse bien. Ainsi est-il guetté par son ennemi héréditaire : l'échec. Confronté à un premier « ratage », l'enfant Cheval va être dépassé, perdu, il comprendra mal que la réalité ne corresponde pas à ses rêves optimistes. Il choisira souvent, par crainte de rencontrer à nouveau ce genre de situation, la fuite en zigzags, ou le refus pur et simple de l'obstacle — réaction bien connue, soit dit en passant, des écuyers au dressage.

Il importe donc d'inculquer à l'enfant du Cheval la valeur et la nécessité de l'effort, ainsi que l'utilité de l'échec en tant qu'expérience, leçon utile, préparation au succès. Il faut lui apprendre à aller de l'avant sans hésitations, et sans impulsions désordonnées. Il faut, en fait, l'*éduquer*, comme on dresse, au manège, les poulains rétifs.

Il n'est pas interdit non plus de lui répéter, sur tous les tons, la célèbre maxime de Winston Churchill — qui n'était pas du Cheval, mais du Chien — « Allons d'échec en échec jusqu'à la victoire »...

Vie sentimentale

Le Cheval est un passionné qui vit au rythme des battements de son cœur ; celui-ci s'emballe par moments, si puissamment, que tout l'organisme s'en ressent : on pourrait dire que le Cheval est amoureux de tout son être, moralement, physiquement, et que tous ses organes participent à la tempête intérieure qu'il traverse lorsqu'un

sentiment s'installe en lui. Il peut même avoir des troubles psychosomatiques, angoisse, essoufflement, palpitations, perte d'appétit ou à l'inverse boulimie, tant son engagement est total, tant son implication est forte.

Sentimental, impatient, avide d'amour, le Cheval aime la conquête autant qu'il aime être conquis ; c'est dans ce domaine qu'il trouve la possibilité de vivre à fond l'instant, et qu'il rencontre ses plus grandes exaltations. Il est sujet aux attirances immédiates, du style « coup de foudre » : un sourire, un regard, et le voilà pris... Et il n'aura de cesse d'avoir obtenu les faveurs de la personne en question. Qu'il soit homme ou femme, il est sujet à des désirs impérieux qui ne supportent ni l'attente ni les obstacles. Sa forte sexualité ne saurait cependant se satisfaire de relations passagères ou superficielles : il lui faut avant tout la passion, l'impression d'aimer pour la vie, sans restrictions – même si cela lui arrive tous les six mois.

Séduit, cet animal par ailleurs égocentrique est capable de faire les pires folies, et aucun sacrifice ne lui semble indigne de ses sentiments. Lui qui écrase avec un sans gêne remarquable les orteils de ses relations professionnelles, par exemple, ira décrocher la Lune pour un sourire de sa belle au bois dormant ou de son prince charmant. Car ce réaliste est un romantique, que l'amour rend faible et dépendant comme un enfant. Amoureux, il changera de vie, de métier, jettera aux orties ses souvenirs, comme ses idéaux, sans la moindre hésitation. Il est à vrai dire complètement dominé, emporté par ses sentiments, et c'est peut-être cette fougue attendrissante qui aide son entourage à oublier les moments où son égocentrisme le rend odieux.

Il n'est pas toujours très facile à vivre, de par sa tendance (« Moi d'abord ! ») à décider abruptement de ce qui est bon ou mauvais pour son conjoint : il ne comprend pas aisément les « différences » d'autrui.

Le Cheval a naturellement besoin d'un certain mouvement, et des affections stagnantes ou routinières ne sauraient le contenter : si l'élu(e) de son cœur n'est pas capable de renouvellement, il se lasse vite, et part. Ce n'est pas un tiède, et toutes les belles raisons, toutes les sagesses du monde ne sauraient avoir un pouvoir sur lui lorsqu'il est sous l'emprise de l'amour.

Vie familiale

Ne supportant pas la solitude, les natifs du Cheval ont intérêt à se marier jeunes pour créer un cercle familial bien à eux, éloigné si possible de l'influence et de l'autorité de leurs parents, contre lesquelles ils se rebellent dès l'adolescence. Il est donc fréquent de les voir passer devant Monsieur le Maire, avec pour tout bagage une majorité toute fraîche.

Les sentiments sur lesquels ils construisent cette nouvelle existence sont malheureusement fragiles et ne les mettent pas à l'abri des passions, surtout lorsque quelques années de vie commune ont émoussé l'attirance et calmé certaines ardeurs qui ont besoin de nouveauté pour flamber à nouveau.

C'est pourquoi il est fréquent de voir les Chevaux changer bruyamment de partenaire vers la trentaine ou la quarantaine, ou bien vivre, au sein de leur couple, quelques crises majeures.

Ils ne sont guère sécurisants pour qui aime la régularité des sentiments bien assis — mais leur franchise est désarmante et les aide à se faire pardonner. Ils sont aussi, hélas, assez faibles, un peu lâches, et ne sont pas doués pour les ruptures nobles et nettes, hésitant entre le passé et le présent, et attendant vaguement que leur partenaire prenne la décision à leur place. En plus il leur est difficile d'expliciter ce qu'ils ressentent de façon logique, car ils sont brouillés avec elle depuis l'enfance, surtout lorsque le cœur participe à l'événement ; en conséquence, obtenir d'eux une explication claire du style « Je t'aime encore » ou « je ne t'aime plus », tient de l'acrobatie.

Dans leur rôle de parents, ils sont assez irréguliers — tantôt hyper présents, tantôt carrément démissionnaires — mais jamais étouffants ni ennuyeux. Ils n'ont pas leur pareil pour éveiller un enfant aux joies saines de l'action, pour lui faire partager leurs intérêts et leurs hobbies — mais aussi pour les laisser libre de choisir une voie. Cette permissivité donnera, pour des raisons qui diffèrent, de bons résultats avec un enfant Tigre, Chat, Dragon, Cheval, Chèvre ou Singe. Mais un enfant Chien sera malheureux et

Il ne supporte pas la solitude

souffrira de l'égoïsme d'un tel parent. De même pour l'enfant Sanglier, qui attendra en vain des manifestations d'affection protectrice.

Quant aux jeunes Rats, Buffles, Serpents et Coqs, ils jugeront sévèrement leur parent Cheval et ne ressentiront aucune indulgence pour ses petits travers. Avec eux le Cheval devra s'attendre, dès qu'ils auront acquis un peu d'autonomie, à subir des critiques cinglantes...

Vie professionnelle

Le Cheval est fier et indépendant ; il ne supporte pas l'échec. Ces tendances ne le prédisposent guère à une vie de rond-de-cuir.

Il se sentira mieux dans un métier complètement autonome, style « profession libérale » ou « marginale » l'obligeant à avoir un rythme soutenu, à agir en permanence comme si ce jour était le dernier. « Travaillez comme si vous deviez vivre toujours ; vivez comme si vous deviez mourir demain. » Cette maxime est un bon conseil à donner aux Chevaux.

Ce natif est davantage un « homme de commencements » qu'un exécutant. Soumis à une discipline trop stricte, il fait un peu n'importe quoi, attendant des jours meilleurs, et devenant aisément anxieux, amer, rongé par le doute et l'autodestruction. En revanche, il aime entreprendre, « monter » des affaires, en laissant aux autres le soin de régler les détails.

Il adore bouger, voyager, changer, et s'accommodera merveilleusement d'une profession itinérante. Paradoxalement ce sera même utile à son équilibre familial et conjugal, car se sentir libre en semaine lui donnera davantage envie d'avoir des week-ends paisibles.

Le Cheval est aussi sujet aux coups de foudre sur le plan professionnel que sur le plan sentimental : il s'enthousiasme pour les nouveautés, s'exalte d'un défi, considère tout comme une aventure excitante à réussir absolument. Mais que survienne un échec imprévu, et il s'écroule : à ce moment-là, il a dramatiquement besoin de l'affection et de l'encouragement de ses proches, qui seuls peuvent lui donner foi en un nouveau départ.

Ambitieux, il fait facilement « du forcing », harcelant les gens jusqu'à ce qu'ils cèdent, les étourdissant d'un torrent d'éloquence, réduisant à l'avance leurs arguments négatifs en appréciations admiratives : il est doué pour persuader, manipuler, faire obéir, entraîner. Un Cheval qui veut vraiment obtenir quelque chose – que ce soit un job, un budget, une subvention – l'obtient toujours. Par un mélange de charme et d'esbrouffe, car il faut quelqu'un d'autre pour présenter les chiffres.

Mais attention : d'après l'astrologie chinoise, le succès ne lui vient pas sans mal. Il n'a pas la chance insolente des Dragons et des Serpents, et toute sa vie, il devra faire des efforts, car son destin est synonyme de labeur.

Vie matérielle

Le Cheval est réaliste, pragmatique, mais pas intéressé, et du moment qu'il a de quoi vivre sans dépendre de personne, il est heureux et n'en demande pas plus. Il fait bien, car il n'a pas une chance démentielle sur le plan matériel et se retrouve souvent les poches vides. A cela il y a plusieurs raisons.

D'abord, il manque un peu de persévérance, change souvent d'emploi, capable de renoncer à une profession rentable pour en choisir une l'intéressant davantage – mais plus aléatoire. Il est souvent trop fier pour mendier une augmentation, et se lasse trop vite pour obtenir des primes d'ancienneté.

Il aime se faire plaisir

Ensuite, il est dépensier, aime se faire plaisir et faire plaisir aux autres ; quand il est amoureux, en particulier, sa générosité est sans limites. Il déteste se priver d'un voyage ou d'un repas au restaurant sous prétexte qu'il faut payer l'assurance de la voiture à la fin du mois.

Pour que ses finances soient stables, il faudrait donc qu'il soit fonctionnaire, mais y a-t-il dans cette branche des métiers vraiment vivants et intéressants ? L'enseignement, peut-être, remplirait les conditions voulues... Mais le Cheval n'est guère patient, même s'il est doué pour convaincre. En fait son besoin d'indépendance s'accommode mal de son imprévoyance matérielle.

Heureusement, le Cheval n'est absolument pas intéressé. Posséder lui est une contrainte plutôt qu'une joie, il a envie de pouvoir tout laisser tomber, du jour au lendemain, pour partir aux antipodes. Ah, l'attrait des horizons lointains, le parfum de l'inconnu, la musique des langages exotiques... Aucun froissement de billets, aucun tintement de pièces n'a autant de valeur à ses yeux.

Au mieux, il peut parvenir à finir ses mois « ric et rac », et a tout intérêt à adopter un système de prélèvements automatiques, sinon il oublierait aisément de régler ses factures... Car cet homme honnête est un étourdi. Il lui faut savoir choisir un partenaire bien organisé et prévoyant, afin de trouver un équilibre...

Quoi qu'il en soit, qu'il évite les placements mirifiques, il risquerait de se retrouver sur la paille : les ruses boursières et les combines spéculatives ne sont pas son fort.

Environnement

Autant le Cheval est élégant et soigné de sa personne — surtout les dames Cheval, d'ailleurs, car les messieurs de ce signe que j'ai connus étaient tous plutôt adeptes d'une forme d'élégance décontractée, voire un peu avachie — autant il est peu sensible à ce qu'il y a autour de lui.

Les objets ont à ses yeux une valeur plus affective qu'esthétique ou matérielle ; il navigue volontiers au milieu d'un bric-à-brac très personnel dans lequel il est le seul à pouvoir se retrouver et où nul n'a droit de regard.

Peu sensible à son environnement

Monsieur Cheval est souvent assez désordonné, et déteste qu'on l'oblige à ranger ses placards ; Madame Cheval aime décorer son intérieur mais le fait de façon assez conventionnelle, sans réelle originalité ni imagination. Et puis, du moment que c'est pratique, et à peu près propre... Elle se moque du reste. Jamais sa vie familiale et son organisation domestique ne primeront sur sa vie professionnelle, par exemple.

En fait, la maison, pour un Cheval, a une importance secondaire. Son environnement favori, c'est le groupe de ceux qui partagent ses intérêts. Il aime les lieux où il y a pas mal de monde − plages, stades sportifs, salons mondains − ou ceux qui sont « aérés » : sentiers de grande randonnée, par exemple. Il se sent bien lorsqu'il a de l'espace et les coudées franches, adore les déplacements et les changements d'horizon.

Petit guide
des relations avec un Cheval

Ses méthodes de séduction :

Lui : impatient et prêt à tout pour arriver à ses fins. Tous les moyens lui seront bons, depuis le numéro de cirque jusqu'à l'enlèvement, en passant bien sûr par quelques déclarations remarquablement formulées et très séduisantes. Attention : c'est un champion de la déclaration passionnée !

Elle : vous considère avec une grande franchise et vous laisse voir, de la façon la plus spontanée, la plus naturelle, que vous lui plaisez. Il ne vous reste plus qu'à insister un brin...

S'il vous aime : soyez tout ouïe, car son bagout est exceptionnel quand il est amoureux (et le reste du temps aussi, d'ailleurs !). Vous pouvez même l'enregistrer. Plus tard, si vous partagez la vie d'un Buffle silencieux et peu démonstratif, vous l'écouterez, en souvenir... car lorsqu'un Cheval est amoureux, il le proclame et le déclame − avec talent et conviction.

Il attend de vous : que vous partagiez son enthousiasme et le suiviez gaiement dans ses voyages − qu'ils soient du corps ou de l'esprit...

Pour vous garder : vous grisera de serments, de promesses et de projets exaltants...

S'il vous trompe : c'est par faiblesse. Il est incapable de résister à la tentation, et en plus, adore plaire.

Si vous le trompez : à la fin d'une relation : adoptez la franchise, car il l'acceptera et au moins, vous resterez amis. Au plus fort d'une passion : arrangez-vous pour qu'il l'ignore, il considérerait cela comme un échec personnel, et cela pourrait le détruire.

En cas de rupture : il se comporte de façon noble et sympathique − sauf s'il se sent remis en question. Là, c'est le mélodrame, les larmes, le sang ! Ne vous moquez pas de lui : il est sincère... et excessif, comme d'habitude.

Si vous voulez lui faire un cadeau : les Chevaux –
hommes et femmes – sont souvent des sportifs. Offrez-lui
un équipement complet concernant son activité physique
préférée, ou un matériel de camping, ou une roulotte avec
un cheval, ou un avion ! tout dépend de vos moyens...

Si vous voulez le séduire : renseignez-vous sur le sujet qui
l'intéresse le plus. Passez ensuite plusieurs nuits blanches et
plusieurs week-ends studieux à acquérir les connaissances
nécessaires pour pouvoir dialoguer avec lui et le suivre sur
son terrain de prédilection. Si sa passion est le deltaplane,
bon courage : il vous faudra en passer par là... car il
importe également de *ne pas le quitter*.

Si vous voulez le faire fuir : dites-lui, au moment suprême,
« A propos, as-tu bien fermé le gaz ? »

Le Cheval
et les autres signes chinois

Cheval / Rat

Le Rat et le Cheval ont deux points communs : ils sont tous deux fort égoïstes mais capables de faire beaucoup de bêtises lorsque la passion les trouble et les emporte.

Cependant, entre deux passions, le Rat est lucide ; et même au cœur d'un brasier affectif, il demeure capable d'écouter la petite voix de la sagesse, de repérer l'étincelle de lucidité qui l'aidera à distinguer les limites qu'il serait vraiment trop dangereux de franchir.

Pas le Cheval ! lui, il ne connaît pas de limites et l'amour ne l'attire que par sa capacité à lui faire dépasser les frontières du possible. Il ne réfléchit pas... Il se vautre dans la réalisation de ses désirs comme un bourdon dans une fleur.

Tout ceci pour dire qu'un Rat jugera toujours de façon critique les excès et les débordements du Cheval ; il le jugera superficiel. Le Cheval, de son côté, l'accusera de méchanceté. Aucun des deux n'aura vraiment tort...

La tradition astrologique chinoise conseille d'ailleurs à ces deux signes d'éviter toute relation sentimentale. Cela n'est pas très difficile, car ils ne s'attirent guère.

Cheval / Buffle

Ce n'est pas évident. Tout d'abord, Buffle et Cheval sont aussi égoïstes l'un que l'autre. Ils ne feront guère d'efforts pour se comprendre. Puis, le Cheval ne tient pas en place, et le Buffle est sédentaire. Le Cheval caracole un brin, et le Buffle rumine. Ils auront bien du mal à vivre au même rythme, à se croiser dans la vie. On pourrait même se demander s'ils se rencontreront...

Si c'est le cas, et si, par inadvertance, ils tombent amoureux l'un de l'autre, cela durera peut-être, grâce à la bonne volonté du Buffle. Mais le Cheval sera malheureux, car tout égocentrique qu'il est, il est passionné, sentimental, a besoin d'être aimé, qu'on le lui montre, qu'on le lui prouve... A sa première « crise de romantisme », le Buffle le douchera froidement, sans le vouloir, car les déclarations, ce n'est pas son fort.

Par ailleurs, le Cheval est sociable, et le Buffle n'aime rien tant que sa tranquillité et ses moments de solitude... Il

faudrait que les autres signes dominants, chinois ou européens, soient vraiment en harmonie pour que cela puisse marcher ; de même, l'entente possible entre les éléments sera à consulter.

Cheval / Tigre

Jusqu'où n'iront-ils pas ! un Tigre et un Cheval se retrouvent sur le plan de l'enthousiasme. Tout sera pour le mieux à condition que le Tigre ne s'aperçoive jamais de l'égoïsme de son partenaire, qui fait toujours passer ses décisions et ses désirs avant tout, sauf dans le feu de la passion. Souhaitons-leur que celle-ci dure longtemps, et que le Tigre, ou la Tigresse, ait trop d'occupations pour prendre le temps de réfléchir sur le comment et le pourquoi des attitudes de son compagnon Cheval. La déception serait rude et le dialogue difficile car le Cheval est aveugle en ce qui concerne ses défauts, ou bien tellement profondément persuadé de sa bonne foi qu'il ne peut comprendre qu'on l'accuse de ne penser qu'à lui ; car en fait, il pense aux autres... En fonction de lui. Le Tigre est plus ouvert, plus libéral.

En cas de conflit, cela tiendra d'une tragédie de Corneille, car l'un et l'autre, dans ce genre de circonstances, ignorent la mesure. Le Cheval devient violent, le Tigre héroïque...

Cheval / Chat

C'est possible à condition que le Chat soit très épris, car l'amour le rend malléable. En outre, c'est un sentimental, un peu romantique sur les bords, et la faconde du Cheval, son enthousiasme, sa chaleur, sa passion, lui sembleront irrésistibles. Lui qui souvent hésite à se mettre en valeur restera pantois et admiratif devant l'assurance du Cheval. Ensuite, lorsque celui-ci, par un des spectaculaires retournements d'humeur dont il a le secret, s'effondrera en disant qu'il n'est bon à rien et que la vie ne vaut pas la peine d'être vécue, le Chat sera là pour le réconforter et le chouchouter.

Ce lien est donc utile, car apaisant pour le Cheval, et dynamisant pour le Chat. Sauf lorsque le premier, ivre d'espace, aura envie de gambader : il ressentira alors les conseils de son raisonnable conjoint comme une prison.

Cheval/Dragon

L'enthousiasme les réunit souvent, dans le « feu de l'action », bien sûr. On les imagine très bien, rivaux loyaux d'une compétition sportive, ou compagnons d'aventure : portés par un but ou une motivation extérieure, ils n'auront aucun problème d'entente.

Au niveau du quotidien : c'est beaucoup plus délicat, surtout si Madame est Dragon. Elle a, nous l'avons vu, besoin d'être admirée et chouchoutée, de voir son importance reconnue. Le Cheval, surtout lorsque les moments de conquête sont terminés, est trop égoïste pour se préoccuper des états d'âme de cette exigeante partenaire. La Dragonne, laissée en plan, jettera des étincelles et emploiera tous les moyens pour démontrer à son Cheval de mari qu'il aurait mieux fait de se souvenir de son existence. Cela risque d'aller loin...

Si Madame est Cheval, en revanche, cela ira plutôt bien. Elle a besoin d'air, et le Dragon n'est pas envahissant. Très occupée par elle-même et par ce qui la concerne, elle le laissera briller en paix, par intermittences. Il deviendra un Dragon clignotant avant de se mettre au galop...

Cheval/Serpent

Le Cheval sera souvent séduit par le Serpent, et lui restera à peu près fidèle, en ce sens qu'il aura l'impression – ô combien trompeuse ! – d'être libre comme l'air, alors qu'en fait son conjoint Serpent, lové dans un coin de son cerveau imaginatif, sera sans cesse présent et indispensable. De son côté, le Serpent philosophe ne se formalisera pas trop d'être parfois considéré comme un meuble, et saura se trouver des centres d'intérêt.

Le Cheval le distraira par ses sautes d'humeur. Il aura l'impression d'être au cirque !

Mais un jour viendra où l'égoïsme du Cheval lassera son conjoint Serpent qui n'aura aucune peine à le remplacer. Cela ne sera pas un mal, au fond, car cela évitera au Cheval de se faire digérer...

En fait cette relation est positive et exaltante, soit dans la phase initiale – quand le Cheval est encore aveuglé par la passion – soit lorsqu'il y a un obstacle extérieur à vaincre. S'il n'y en a pas, ils arriveront bien à en inventer...

Cheval/Serpent : relation exaltante, surtout dans les difficultés

Cheval/Cheval

Parfait pour qui aime les ambiances très passionnelles. Deux Chevaux ensemble, cela fait du bruit. Cela commence par une folle attirance que les impossibilités, les obstacles ou les retards exaltent. Cela continue par un certain nombre d'années de relation basée sur un amour aveugle. Et cela marche tant qu'il reste aveugle. Dès que l'un des deux partenaires s'agace de voir chez l'autre des travers qu'il se refuse à accepter chez lui-même, les choses se gâtent, car aucun Cheval n'a la patience d'attendre que son conjoint change ou évolue, et aucun n'est spécialement doué pour ressentir un amour lucide et raisonnable : pour les Chevaux, amour rime avec déraison, sinon ce n'est plus de l'amour.

Or un Cheval déçu s'en va. S'il ne le peut pas, s'il y a des tas d'intérêts communs et une marmaille affamée, il continue de s'en occuper mais fait sa vie ailleurs – intellectuellement et affectivement. Tout en restant à la merci de la première passion extérieure suffisamment forte pour le motiver...

Cheval/Cheval : une relation bien passionnelle

Cheval / Chèvre

La vie des Chevaux est un happening permanent, ils ont besoin pour tomber amoureux − et surtout pour le rester − de vivre une relation évolutive et pleine d'imprévus. Avec une Chèvre pour partenaire, ils seront servis. En effet, le dégoût de la routine propre aux natifs de ce signe, l'instabilité de leur comportement, leur côté disponible, réceptif, « toujours prêt » n'a rien de spécialement sécurisant : Le Cheval amoureux d'une Chèvre sera souvent sur la corde raide et n'aura pas le temps de s'ennuyer.

De son côté la Chèvre se sentira, elle, en sécurité, car la passion du Cheval s'extériorise ; elle n'aura donc pas l'impression d'être délaissée ou abandonnée − choses qu'elle déteste.

Naturellement, ce sera plus facile si l'homme est Cheval, car son épouse caprine le laissera se démener pour assurer la provende quotidienne.

Dans le cas contraire, espérons que Madame Cheval sera une riche héritière ou aura sa propre situation... car Monsieur Chèvre aime rarement travailler pour deux.

Cheval / Singe

Compréhension difficile entre ces deux êtres, l'un dominé par l'affectivité, vivant ses passions avec intensité dans un engagement total et fougueux, l'autre soumis au raisonnement, à la lucidité, et sans cesse conscient des pièges du chemin, des aléas sentimentaux, en permanence détaché, « prenant du recul » et doutant de la durée d'un attachement.

La sincérité du Cheval pourrait aider le Singe à trouver une stabilité ; mais celui-ci qualifiera aisément cette sincérité de naïveté ou d'aveuglement. De son côté, le Cheval ne supportera pas les volte-faces du Singe et l'accusera d'être calculateur ou de manquer de sensibilité. Ils auront tort tous les deux, bien sûr, mais cela n'arrangera rien ! De toutes façons, ce couple est rare car le Cheval et le Singe ne s'attirent guère, même au premier contact, quand ils ne se connaissent pas encore : ils se considèrent avec une vague méfiance, se soupçonnant réciproquement d'une superficialité rédhibitoire.

Cheval/Coq

Cela n'est pas l'idéal. Ils ont tous les deux besoin de s'affirmer, d'être reconnus à leur juste valeur, et soignent fort leur apparence. Ils sont sensibles à l'opinion d'autrui, surtout le Cheval. Ils sont tous les deux assez susceptibles. Cela en fait, des points communs, direz-vous... Trop peut-être, car dans un couple Cheval/Coq, l'un et l'autre essaieront en permanence de se hisser à la première place, ou au premier rang, au détriment du partenaire. Tout l'amour du monde lutterait mal contre ce réflexe quasi-viscéral...

En plus, cette ressemblance n'est pas génératrice d'évolution, mais d'agacement. Le Cheval souffrira de voir son conjoint Coq se pavaner ailleurs, et n'aura ni la patience ni la sagesse nécessaires pour le laisser chanter tranquille.

Le Coq, de son côté, sera insatisfait car il a besoin de dialogue, et discuter avec un Cheval équivaut souvent à lui donner raison...

Cheval/Chien

Cela ne semble pas évident à première vue, tant ces deux signes sont dissemblables : l'un confiant, égocentrique et enthousiaste, l'autre sceptique, pessimiste et généreux. Pourtant, cela peut très bien marcher car ils ne sont portés ni à remettre leur partenaire en question, ni à le dominer, ni à le critiquer (sauf si le Cheval faisait vraiment une énorme gaffe).

Dans ce couple, chacun vivra sa vie et se construira son système personnel de satisfactions sans trop embêter l'autre.

Le Chien idéaliste se préoccupera beaucoup des autres, ce qui laissera au Cheval le temps de s'occuper de lui-même, et tout le monde sera content. D'autant plus que le Chien est fidèle, chose que tout Cheval apprécie, car cela le repose.

Cela deviendrait tragique si le Cheval se lassait brusquement pour folâtrer dans d'autres pâturages. Le Chien sensible souffrirait, et aurait bien du mal à s'en remettre.

Si le Cheval se lasse, le chien aura du mal à se consoler.

Cheval/Sanglier

Ils ont en commun l'honnêteté, le goût d'une vie facile et agréable, l'amour des plaisirs. Bien sûr, le Cheval toujours égoïste cherchera à profiter de la bonne foi du Sanglier, mais celui-ci saura se défendre ; en plus, ses trésors naturels d'indulgence l'aideront à supporter philosophiquement son partenaire.

Autre point positif : en amour, le Sanglier est sensuel, imaginatif, ce qui attirera le Cheval — et le retiendra.

Malheureusement, il y aura presque toujours un moment où les éclats hippiques de l'un lasseront l'autre, qui aura envie d'aller faire une bonne ballade tout seul pour se détendre. Le Cheval amoureux a besoin que l'on se consacre entièrement, totalement à lui. Il sera insatisfait, et l'indépendance de son partenaire le rendra jaloux. Il aura un mal fou à s'adapter à ce mélange d'autonomie et de candeur caractéristiques du Sanglier — et se lassera souvent avant d'y parvenir.

CÉLÉBRITÉS
DU CHEVAL

Adler, Althusser, Arago, Joséphine Baker, Barnum (le cirque), le roi Baudoin, Jacques Becker, Samuel Beckett, Ingmar Bergman, la duchesse de Berry, Léon Bloy, l'ébéniste Boulle, Braque, Buffalo Bill, Marcel Carné, Louis-Ferdinand Céline, Charlemagne, André Chénier, Chopin, Chostakovitch, Cicéron, Cochin, Auguste Comte, Corneille, Coty, Courteline, David Crockett, Degas, Delacroix, Maurice Denis, De Valera, Druon, Leonor Fini, Charles de Foucauld, César Franck, Giraudoux, Jean-Luc Godard, Guynemer, Herschel, Maurice Herzog, John Huston, Aldous Huxley, James Joyce, Krouchtchev, Lautréamont, Lénine, Mac-Orlan, Maspéro, Metternich, Michelet, Musset, Nasser, Newton, Papillon, Pasteur, Louis Pauwels, Max Planck, Puccini, Rembrandt, Jean Renoir, Franklin D. Roosevelt, Théodore Roosevelt, Rosselini, Sadate, Schumann, Soljenitsyne, Soutine, l'impératrice Tseu-Hi, Vivaldi, Weber, le duc de Windsor, Virginia Woolf.

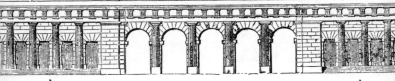

LE COMPAGNON
DE ROUTE

續他些子精神在這裏。　吾之此身、卽祖考之遺體祖考之所

者、蓋具於我而未嘗亡也。是其魂升魄降、雖已化而無有、然理

N'avez-vous pas déjà ressenti, au fond de vous, la présence subtile d'un autre « moi-même », avec lequel vous vivez, tantôt en harmonie, tantôt en conflit ? Qui tantôt vous critique, tantôt vous encourage ? C'est cela, le Compagnon de route.

Il fera parfois figure d'imposteur, d'importun. Il est vrai qu'il dérange souvent vos habitudes, notre confort moral ou spirituel. Avec ce double intérieur, la route est moins monotone et le voyageur multiplie ses chances d'arriver au but qu'il s'est fixé, peu importe le but — seul compte le voyage. Le plus grand danger venant du sommeil, il est utile d'avoir un Compagnon capable de vous maintenir en « état d'éveil », renversant pour cela, si nécessaire, vos points de repères, piétinant vos jardins secrets, déchirant enfin le grand voile de l'illusion.

Il arrive quelquefois que le Compagnon de route soit le signe même de votre année de naissance, un frère jumeau en quelque sorte, par exemple : un Cheval/Cheval. Dans ce cas sachez qu'il vous acculera à vous assumer pleinement et à vivre le double aspect, le Yin et le Yang que vous portez en vous... De toute façon vous portez en vous les douze Animaux. Alors partez sur la longue route, pour la grande aventure, le beau voyage au cours duquel vous croiserez harmoniquement enchevêtrés le solennel et le grotesque, le réel éphémère, le rêve et l'imaginaire.

Le compagnon de route est une sorte « d'Ascendant » en correspondance avec votre heure de naissance, un autre animal appartenant au cycle des douze animaux emblématiques chinois. Un compagnon vous emboîtant le pas, prêt à vous porter secours, défiant pièges et embûches sur votre route, ombre permanente et bénéfique rendant possible l'impossible.

C'est un complément, un *plus* : avec son caractère propre, sa tendance, sa psychologie différente, il sera à la fois témoin et acteur de votre vie, ange gardien et avocat du diable.

Le signe chinois
de votre heure de naissance.

« Le compagnon de route » ou Ascendant chinois se détermine, comme dans l'astrologie occidentale, en tenant compte de l'heure de la naissance.

Seule différence — mais de taille — il se calcule, traditionnellement, non pas en « heure locale » (heure et lieu de naissance) mais en heure de Pékin.

Sans vouloir formuler de jugement, cette pratique est sujette à discussion : en effet, elle a été mise au point pour des personnes nées exclusivement en Chine ou au Vietnam ; il serait donc logique de l'adapter pour ceux qui ont vu le jour dans d'autres pays. C'est pourquoi nous indiquons ici les deux façons de procéder : Ascendant calculé « à la chinoise » et « à l'occidentale ».

Tout d'abord, il importe de trouver l'heure solaire de votre naissance (heure du méridien de Greenwich) qui va servir de base à tous les calculs. Consultez les tableaux suivants pour savoir s'il faut retrancher une ou deux heures à celle qui figure sur votre fiche d'état civil :

HEURE D'ETE

En France depuis 1916

Du 14 juin au 1er octobre 1916 : – 1 h
Du 24 mars au 7 octobre 1917 : – 1 h
Du 9 mars au 6 octobre 1918 : – 1 h
Du 1er mars au 5 octobre 1919 : – 1 h
Du 14 février au 25 octobre 1920 : – 1 h
Du 14 mars au 25 octobre 1921 : – 1 h
Du 25 mars au 7 octobre 1922 : – 1 h
Du 26 mai au 6 octobre 1923 : – 1 h
Du 29 mars au 4 octobre 1924 : – 1 h
Du 4 avril au 3 octobre 1925 : – 1 h
Du 17 avril au 2 octobre 1926 : – 1 h
Du 9 avril au 1er octobre 1927 : – 1 h
Du 14 avril au 6 octobre 1928 : – 1 h
Du 20 avril au 5 octobre 1929 : – 1 h
Du 12 avril au 4 octobre 1930 : – 1 h
Du 18 avril au 3 octobre 1931 : – 1 h
Du 16 avril au 1er octobre 1932 : – 1 h
Du 26 mars au 8 octobre 1933 : – 1 h
Du 7 avril au 6 octobre 1934 : – 1 h
Du 30 mars au 5 octobre 1935 : – 1 h
Du 18 avril au 3 octobre 1936 : – 1 h
Du 3 avril au 2 octobre 1937 : – 1 h
Du 26 mars au 1er octobre 1938 : – 1 h
Du 15 avril au 18 novembre 1939 : – 1 h
Du 24 février au 15 juin 1940 : – 1 h

HEURE D'ETE

Entre 1940 et 1945

Zone libre

Du 25 février 1940 au 4 mai 1941, 23 h : – 1 h
Du 4 mai 1941, 23 h au 6 octobre 1941, 0 h : – 2 h
Du 6 octobre 1941, 0 h au 8 mars 1942, 24 h : – 1 h
Du 9 mars 1942, 0 h au 2 novembre 1942, 3 h : – 2 h
Du 2 novembre 1942, 3 h au 29 mars 1943, 3 h : – 1 h
Du 29 mars 1943, 3 h au 4 octobre 1943, 3 h : – 2 h
Du 4 octobre 1943, 3 h au 3 avril 1944, 2 h : – 1 h
Du 3 avril 1944, 2 h au 8 octobre 1944, 0 h : – 2 h
Du 8 octobre 1944, 0 h au 2 avril 1945, 2 h : – 1 h
Du 2 avril 1945, 2 h au 16 septembre 1945, 3 h : – 1 h

Zone occupée

C'est l'avance des armées d'occupation qui a déterminé l'adoption de l'heure d'été allemande. Celle-ci a été en vigueur à partir du 15 juin 1940, 11 h, à Paris, et du 1er juillet 1940, 23 h, à Bordeaux. Donc, à partir de ces dates jusqu'au 2 novembre 1942, 3 h : – 2 h. A partir du 2 novembre 1942 le régime horaire fut le même qu'en zone libre.

De 1945 à 1976 : heure légale — 1 h

Depuis 1976

Du 28 mars, 1 h au 26 septembre 1976, 1 h : — 2 h
Du 3 avril, 2 h au 25 septembre 1977, 3 h : — 2 h
Du 2 avril, 2 h au 1er octobre 1978, 2 h : — 2 h
Du 1 avril, 2 h au 30 septembre 1979, 3 h : — 2 h
Du 6 avril, 2 h au 28 septembre 1980, 3 h : — 2 h
Du 29 mars, 2 h au 27 septembre 1981, 3 h : — 2 h
Du 28 mars, 1 h au 26 septembre 1982, 1 h : — 2 h
Du 27 mars, 2 h au 25 septembre 1983, 3 h : — 2 h
Du 25 mars, 2 h au 30 septembre 1984, 3 h : — 2 h
Du 31 mars, 2 h au 29 septembre 1985, 3 h : — 2 h
Du 30 mars, 2 h au 28 septembre 1986, 3 h : — 2 h
Du 29 mars, 2 h au 27 septembre 1987, 3 h : — 2 h

Par exemple, vous êtes né un 9 août 1954 à 1 h du matin : vous devez retrancher 1 h, ce qui égale 0 h en heure solaire.

Ensuite, si vous voulez calculer votre ascendant « à la chinoise » vous ajoutez 8 h (fuseau horaire de Pékin) à l'heure obtenue : dans notre exemple, 0 h + 8 h = 8 h.

Si vous préférez le calculer « à l'occidentale », vous n'avez aucune correction supplémentaire à faire.

Pour connaître votre compagnon de route ou ascendant chinois, vous vous reportez au tableau suivant, qui indique les correspondances entre les heures et les signes, chacun des signes couvrant deux heures :

Si **vous êtes né** entre 23 h et 1 h votre **compagnon** est Rat

1 h et 3 h	Buffle
3 h et 5 h	Tigre
5 h et 7 h	Chat
7 h et 9 h	Dragon
9 h et 11 h	Serpent
11 h et 13 h	Cheval
13 h et 15 h	Chèvre
15 h et 17 h	Singe
17 h et 19 h	Coq
19 h et 21 h	Chien
21 h et 23 h	Sanglier

En s'en référant encore une fois à notre exemple, cela donne un ascendant chinois Dragon, et si on le calcule en heure française, Rat.

LE CHEVAL
ET SON COMPAGNON
DE ROUTE

LE CHEVAL/RAT

Ou l'alternance de la fougue et de la prudence, de la spontanéité et du calcul. Le Cheval/Rat fera un voyage souvent tumultueux. Que de luttes en perspective, il sera difficile de tempérer l'ardeur du Cheval galopant en plein soleil, alors que le Rat inquiet et prudent creusera ses sous-sols. Le Rat mal aimé devra emprunter des sentiers tortueux et sombres afin d'accéder à la lumière, le Cheval, lui, ne supportera pas de galoper dans l'ombre. Il lui faudra la voie royale, lumineuse, il recherchera la foule et le succès. Le Rat devra pourtant chevaucher ce destrier et reconnaître son existence... Voici un individu qui manifestera une certaine agressivité.

LE CHEVAL/BUFFLE

Ou l'alternance de la fougue et de la lenteur. Ces deux compagnons n'auront pas la même vision de la route. Le Buffle, sûr de lui, et mesuré, aime prendre son temps, sa marche est lente, et il supporte mal ce feu qui aiguillonne le Cheval. L'un rêve d'honneur et de terres ensoleillées, l'autre de sillons bien tracés. Le Buffle consciencieux épris de solitude, grince des dents devant le côté brouillon et instinctif du Cheval, son amour de la foule et du spectacle. Ce Cheval réchauffera-t-il par son « feu » le corps et l'âme de ce Buffle parfois trop « enfoncé » dans sa terre ? S'il procède à une bonne répartition des efforts et des tâches, le Cheval/Buffle aura d'incontestables atouts : au caractère sérieux, à la persévérance acharnée du Buffle dans le travail s'ajouteront la passion et la créativité du Cheval. Et sur le plan affectif, la fougue et l'ardeur du Cheval feront fondre la carapace du Buffle...

LE CHEVAL/TIGRE

Sera impulsif et fougueux. Flairant les pièges, sautant les obstacles, le Cheval/Tigre fera un voyage où l'ardeur se mêlera à l'attente, l'affût à la ruse et au galop.

Prudence et équilibre, calme et patience seront des leçons difficiles pour le fougueux Cheval qui est en vous.

A la pénombre luxuriante de la jungle, le Cheval préférera la route lumineuse et les acclamations, mais s'y comportera en prédateur.

LE CHEVAL/CHAT

Ne le sera pas sur les principes. Ce sera un animal opportuniste, un peu mystificateur.

Il sera irrésistiblement attiré par ce qui brille, avec une alternance de fougue et de prudence.

Le Cheval/Chat est un gagnant, il ne supporte pas, même pour des raisons de sécurité d'emprunter des sentiers obscurs : il lui faut une route lumineuse — il l'aura.

Cet étrange félin destrier ne se laissera pas monter sur les pieds, pattes ou sabots...

LE CHEVAL/DRAGON

Si l'équitation a son charme, je ne vous conseille point pourtant de vous y risquer sur un Dragon, fut-il compagnon d'un Cheval. En effet, ne vous chevauchera pas qui veut, Cheval/Dragon. Animal fougueux et ardent, vous combinez l'élégance à l'opportunisme et la chance à une intelligence vive. La route sera une sorte de course folle où vous croiserez souvent succès, conquêtes et admiration. Hélas, la vitesse aura tendance à vous griser, et la chance risque de vous tourner la tête. Apprenez à cultiver cette fleur rare qu'est la modestie, mais une fois la rose éclose, ne la piétinez point en sautant de joie...

LE CHEVAL/SERPENT

Un sage dandy... Mêlant l'élégance et l'ardeur à des exigences morales très développées, qui peuvent cependant parfois entrer en conflit avec son orgueil, car le Cheval/Serpent ne supporte pas l'échec. C'est un gagnant, il n'hésitera pas à être opportuniste, rusé, mauvais joueur, ne tenant ni sa langue, ni son cœur. Toutefois, le Cheval/Serpent ayant un charme assez irrésistible, on lui pardonnera sa mauvaise foi, sa vantardise, et même ses pointes de méchanceté... Alors n'en abusez point !

LE CHEVAL/CHEVAL

Assoiffé de voyages et d'aventures, cet animal impatient et fougueux sera un éternel vagabond. Son opportunisme risque de lui attirer quelques ennuis ; en effet, d'un naturel élégant et brillant, il suscitera des jalousies.
Le Cheval/Cheval sera éloquent : véritable tribun et meneur de foule, à lui les honneurs et le prestige. Ce n'est pas la discrétion et le sens du secret qui le caractérisent. Il lui faudra une route large et dégagée, dont il tentera de s'approprier tout l'espace, afin de pouvoir donner libre cours à ses passions, ses impulsions. Toutefois, il sera loyal et possèdera le sens de l'honneur, mais son ambition démesurée, son égoïsme, et sa vantardise le rendront parfois irritant. Il devra se brider, se freiner, particulièrement vigilant et lucide, car son ardeur et son comportement peuvent l'égarer.

LE CHEVAL/CHÈVRE

La rêverie et la fantaisie conduiront cet alliage à un vagabondage un peu capricieux et charmant, favorisant une évasion vers des domaines d'azur, nuées et féeries parmi les chimères, les mirages, et toutes les créatures diaphanes de l'imaginaire. Le Cheval/Chèvre abandonnera un peu son besoin d'épopée, son ardeur conquérante, préférant l'art et les cabrioles poétiques aux chevauchées guerrières. Son univers familier s'ouvrira sur d'autres dimensions, sur de subtils espaces intérieurs qu'aucune logique ne peut répertorier ni mesurer.

LE CHEVAL/SINGE

Tour à tour éloquent et chevaleresque, sa route ressemblera à une longue compétition dont le Cheval/Singe n'entendra sortir que vainqueur. Pour cela, il sera aussi bien équilibriste que cheval de courses, à la fois monture et cavalier, Don Juan ou ermite, il tiendra aussi un peu de Don Quichotte, transformant sa route en arène. Il jouera sa vie par orgueil, goût du risque, et même par cynisme. Alliant l'intelligence à la prestance, il exploite à fond ses ressources de charme, de talent, de ruse, et parfois de mensonge. Le Cheval/Singe rêvera souvent d'une route auréolée de gloire, et jonchée de fleurs — qu'il piétinerait avec une belle indifférence...

LE CHEVAL/COQ

Animal prestigieux, loyal et généreux. Hélas trop imbu de sa personne. La modestie ne l'étouffera pas, l'orgueil est sa principale motivation, le poussant contre vents et marées, le maintenant au premier rang en tête du peloton, devant la masse qu'il a besoin de diriger et d'entraîner. Le Cheval/Coq aime à se démarquer, c'est souvent un original, mais qui possède au plus haut point le sens de l'honneur et le culte de la parole donnée. Sa générosité peut être totale et irréversible : s'il vous offre sa confiance et son amitié, rien — aucune pression, aucune catastrophe — ne pourra l'obliger à vous les reprendre.

LE CHEVAL/CHIEN

A la fois monture et guide, loyal et fidèle, il parcourt son chemin de jour comme de nuit, avec ténacité, se laissant pousser par son intuition, tempérant son impatience et sa fougue, acceptant, non de douter de lui-même, mais de se remettre en cause, de s'améliorer. Il arrive également à dominer son orgueil et sa peur de l'échec, n'hésitant pas à sourire de ses défauts et de ses faiblesses. Ceci ne l'empêche pas d'être ardent et passionné. Sa composante Chien lui permet d'accéder à des secrets et à des dimensions que le Cheval ne peut atteindre que très rarement et très difficilement — tout un monde d'introspection et d'interrogations essentielles, où l'ardeur chevaline s'affine et se spiritualise.

LE CHEVAL/SANGLIER

Doué d'une intelligence large et lucide, le Cheval/Sanglier ne peut qu'être conscient de l'orgueil démesuré qui le ronge. Tout au long du chemin, il a néanmoins tendance à se leurrer sur la vraie nature et la pérennité de ses possessions, conquêtes et butin. Il ne peut s'empêcher d'amasser des trésors un peu factices et dérisoires. En fait il est inconsciemment à la recherche d'un autre trésor, plus réel, plus intérieur. Et il perd souvent de son ardeur et de sa fougue au profit du doute et du mystère qui l'attirent irrésistiblement, comme la promesse d'un accomplissement profond échappant à tout concept et à toute définition.

LE CHEVAL
ET LES CINQ
ÉLÉMENTS

問存養多用靜否曰不必然孔子却都就用處教人做

風先火次魂靈去矣身體俄直無所復知旬日之間肉

VOTRE ÉLÉMENT

L'astrologie chinoise comporte cinq éléments qui se rattachent aux années, aux heures de naissance et aux signes animaux. Ces éléments sont les suivants : l'Eau, le Bois, le Feu, la Terre, le Métal. Leur ordre de succession est en fait un ordre de production : l'Eau engendre le Bois, le Bois engendre le Feu, le Feu engendre la Terre, la Terre engendre le Métal, le Métal engendre l'Eau, etc.

Ces cinq éléments sont des forces essentielles agissant sur l'univers et sont partie intégrante de tout horoscope chinois.

Tout d'abord, il y a des éléments « fixes » qui sont reliés à chaque signe et à chaque heure chinoise, et ne changent pas :

Heures	Signe	Élément	Heures	Signe	Élément
23 h/1 h	Rat	Eau	11 h/13 h	Cheval	Feu
1 h/3 h	Buffle	Eau	13 h/15 h	Chèvre	Feu
3 h/5 h	Tigre	Bois	15 h/17 h	Singe	Métal
5 h/7 h	Chat	Bois	17 h/19 h	Coq	Métal
7 h/9 h	Dragon	Bois	19 h/21 h	Chien	Métal
9 h/11 h	Serpent	Feu	21 h/23 h	Sanglier	Eau

Chacun de ces cinq Éléments a une signification propre qui va venir colorer différemment votre signe animal.

L'**Eau** est synonyme de froideur et d'intériorité plus que de fertilité : c'est une eau dormante, et sa surface protège tous les mystères.

Le **Bois** est synonyme de douceur, d'équilibre et d'harmonie, de créativité et d'imagination.

Le **Feu** est synonyme de chaleur, de passion, de vitalité et d'enthousiasme. Il brûle, éclaire et transforme, dans tous les sens du terme. Mais il peut être Feu intérieur ou extérieur...

La **Terre** est synonyme de matérialité, de solidité, de sécurité et de fertilité.

Le **Métal** est synonyme de coupure : c'est la volonté qui tranche, la rigueur, la lucidité.

ASTROLOGIE CHINOISE
OU VIETNAMIENNE

La différence existant sur le plan astrologique entre tradition chinoise et tradition vietnamienne conduit à certaines contradictions, en particulier sur le plan de la détermination des éléments et des calendriers.

Nous indiquons dans ces ouvrages la théorie de « l'élément constitutif » où celui-ci change tous les deux ans.

En ce qui concerne les calendriers, les dates limites des signes sont celles du début et de la fin de l'année lunaire. Mais nous signalons aux lecteurs que selon la tradition chinoise, le calendrier astrologique est un calendrier solaire différent du calendrier lunaire, et que le début de chaque année astrologique se situe systématiquement le 4 ou le 5 février de celle-ci, au moment du printemps chinois.

Certains d'entre vous se trouveront donc « changer de signe » suivant qu'ils choisiront de respecter l'un ou l'autre de ces calendriers. A eux de juger lequel leur convient le mieux...

Enfin, il y a l'« Élément de destinée » ou « Élément constitutif » qui change suivant les années de naissance. Chaque élément couvre deux années et revient donc tous les dix ans ; tous les 60 ans se reproduit la même combinaison Signe + Élément, dont le meilleur exemple est la fameuse année « du cheval de Feu » : 1906, 1966, 2016, etc.

Connaître l'Élément de votre année de naissance est simple, il suffit de vous reporter au calendrier suivant :

CALENDRIER

Agent	Calendrier	Année du de la
MÉTAL	31-1-1900 au 18-2-1901	RAT
MÉTAL	19-2-1901 au 7-2-1902	BUFFLE
EAU	8-2-1902 au 28-1-1903	TIGRE
EAU	29-1-1903 au 15-2-1904	CHAT
BOIS	16-2-1904 au 3-2-1905	DRAGON
BOIS	4-2-1905 au 24-1-1906	SERPENT
FEU	25-1-1906 au 13-2-1907	CHEVAL
FEU	13-2-1907 au 1-2-1908	CHÈVRE
TERRE	2-2-1908 au 21-1-1909	SINGE
TERRE	22-1-1909 au 9-2-1910	COQ
MÉTAL	10-2-1910 au 29-1-1911	CHIEN
MÉTAL	30-1-1911 au 17-2-1912	SANGLIER
EAU	18-2-1912 au 5-2-1913	RAT
EAU	6-2-1913 au 25-1-1914	BUFFLE
BOIS	26-1-1914 au 13-2-1915	TIGRE
BOIS	14-2-1915 au 2-2-1916	CHAT
FEU	3-2-1916 au 22-1-1917	DRAGON
FEU	23-1-1917 au 10-2-1918	SERPENT
TERRE	11-2-1918 au 31-1-1919	CHEVAL
TERRE	1-2-1919 au 19-2-1920	CHÈVRE
MÉTAL	20-2-1920 au 7-2-1921	SINGE
MÉTAL	8-2-1921 au 27-1-1922	COQ
EAU	28-1-1922 au 15-2-1923	CHIEN
EAU	16-2-1923 au 4-2-1924	SANGLIER
BOIS	5-2-1924 au 24-1-1925	RAT
BOIS	25-1-1925 au 12-2-1926	BUFFLE
FEU	13-2-1926 au 1-2-1927	TIGRE
FEU	2-2-1927 au 22-1-1928	CHAT
TERRE	23-1-1928 au 9-2-1929	DRAGON
TERRE	10-2-1929 au 29-1-1930	SERPENT
MÉTAL	30-1-1930 au 16-2-1931	CHEVAL
MÉTAL	17-2-1931 au 5-2-1932	CHÈVRE
EAU	6-2-1932 au 25-1-1933	SINGE
EAU	26-1-1933 au 13-2-1934	COQ
BOIS	14-2-1934 au 3-2-1935	CHIEN
BOIS	4-2-1935 au 23-1-1936	SANGLIER
FEU	24-1-1936 au 10-2-1937	RAT
FEU	11-2-1937 au 30-1-1938	BUFFLE
TERRE	31-1-1938 au 18-2-1939	TIGRE
TERRE	19-2-1939 au 7-2-1940	CHAT
MÉTAL	8-2-1940 au 26-1-1941	DRAGON
MÉTAL	27-1-1941 au 14-2-1942	SERPENT

Agent	Calendrier	Année du de la
EAU	15-2-1942 au 4-2-1943	CHEVAL
EAU	5-2-1943 au 24-1-1944	CHÈVRE
BOIS	25-1-1944 au 12-2-1945	SINGE
BOIS	13-2-1945 au 1-2-1946	COQ
FEU	2-2-1946 au 21-1-1947	CHIEN
FEU	22-1-1947 au 9-2-1948	SANGLIER
TERRE	10-2-1948 au 28-1-1949	RAT
TERRE	29-1-1949 au 16-2-1950	BUFFLE
MÉTAL	17-2-1950 au 5-2-1951	TIGRE
MÉTAL	6-2-1951 au 26-1-1952	CHAT
EAU	27-1-1952 au 13-2-1953	DRAGON
EAU	14-2-1953 au 2-2-1954	SERPENT
BOIS	3-2-1954 au 23-1-1955	CHEVAL
BOIS	24-1-1955 au 11-2-1956	CHÈVRE
FEU	12-2-1956 au 30-1-1957	SINGE
FEU	31-1-1957 au 15-2-1958	COQ
TERRE	16-2-1958 au 7-2-1959	CHIEN
TERRE	8-2-1959 au 27-1-1960	SANGLIER
MÉTAL	28-1-1960 au 14-2-1961	RAT
MÉTAL	15-2-1961 au 4-2-1962	BUFFLE
EAU	5-2-1962 au 24-1-1963	TIGRE
EAU	25-1-1963 au 12-2-1964	CHAT
BOIS	13-2-1964 au 1-2-1965	DRAGON
BOIS	2-2-1965 au 20-1-1966	SERPENT
FEU	21-1-1966 au 8-2-1967	CHEVAL
FEU	9-2-1967 au 28-1-1968	CHÈVRE
TERRE	29-1-1968 au 16-2-1969	SINGE
TERRE	17-2-1969 au 5-2-1970	COQ
MÉTAL	6-2-1970 au 26-1-1971	CHIEN
MÉTAL	27-1-1971 au 14-2-1972	SANGLIER
EAU	15-2-1972 au 2-2-1973	RAT
EAU	3-2-1973 au 22-1-1974	BUFFLE
BOIS	23-1-1974 au 10-2-1975	TIGRE
BOIS	11-2-1975 au 30-1-1976	CHAT
FEU	31-1-1976 au 17-2-1977	DRAGON
FEU	18-2-1977 au 6-2-1978	SERPENT
TERRE	7-2-1978 au 27-1-1979	CHEVAL
TERRE	28-1-1979 au 15-2-1980	CHÈVRE
MÉTAL	16-2-1980 au 4-2-1981	SINGE
MÉTAL	5-2-1981 au 24-1-1982	COQ
EAU	25-1-1982 au 12-2-1983	CHIEN
EAU	13-2-1983 au 1-2-1984	SANGLIER
BOIS	20-1-1984 au 8-2-1985	RAT
BOIS	9-2-1985 au 28-1-1986	BUFFLE
FEU	21-1-1986 au 16-2-1987	TIGRE
FEU	17-2-1987 au 5-2-1988	CHAT
TERRE	6-2-1988 au 26-1-1989	DRAGON

LE CHEVAL DE FEU

Au sud, dans le ciel, naquit la chaleur. Elle descendit sur terre et la féconda. De leur union naquit le Feu.

La tendance Cheval de Feu

L'Élément Feu est du midi, du sud, de l'été, le Feu est Yang, il est celui qui chauffe, brûle, transforme, bouleverse. Le Feu habitant le Cheval deviendra pour lui une formidable source d'énergies, un réservoir dans lequel il pourra puiser, se ranimer, se recharger sans cesse, lui permettant de vivre avec aisance son besoin de mouvement perpétuel, d'action, de voyages, d'aventures physiques, émotionnelles ou intellectuelles. En effet le Cheval de Feu sera un assoiffé de lumière, dans tous les sens du terme, rien ne le satisfera, il voudra toujours mieux, toujours plus loin. Toutefois il devra prendre garde à ce Feu qui est en lui : s'il n'en était point le maître, il aurait tôt fait de se faire dévorer. Toute la force du Cheval tient à sa faculté de transmutation, ce qui l'oblige à un perpétuel travail sur lui-même.

La santé Cheval de Feu

L'organe Feu est le cœur, son goût est l'amer. Ne vous laissez pas envahir par la colère, et des sentiments de violence. Dépensez votre énergie à petites doses, ne la gaspillez point... Votre égoïsme sera souvent un excellent régulateur.

Le Cheval de Feu et les autres

Le Feu est symbole de guerre, mais c'est aussi un Élément de lucidité, de clairvoyance. De nature passionnée et violente, ses colères le détourneront du compromis, des arrangements diplomatiques. Ses choix l'orienteront vers une carrière militaire, vers les chemins du risque et de l'aventure. S'il possède une nature et des dons artistiques, il sera plutôt marginal et anti-conformiste, ne sacrifiant jamais à une mode, ou au qu'en dira-t-on.

Conseils pour un Cheval de Feu

Il va falloir vous assumer, même si ce n'est pas facile tous les jours. Si vous veniez à y renoncer, vous auriez vite fait de devenir insupportable pour les autres... Et pour vous-même !

L'année Cheval de Feu

Le point culminant pour une année Cheval de Feu sera la saison d'été, période de création. Votre tendance Yang tendra vers le « grand Yang » ce qui vous apportera dynamisme et vitalité.

Année favorable pour l'action et la création. Réussite en perspective dans tous les domaines.

Exemple historique d'une année
Cheval de Feu

1066

Édouard le Confesseur, roi d'Angleterre, est mort sans héritier direct. De son vivant, il s'était solennellement engagé à laisser la succession de sa couronne au puissant duc de Normandie, Guillaume le Bâtard. Mais à sa disparition, c'est son principal conseiller, Harold, qui est unanimement proclamé roi par les autorités ecclésiastiques, les vassaux et les chefs militaires. Cette nouvelle déchaîne la fureur du Normand, qui jure de se venger, et d'obliger les insulaires à respecter la parole donnée. Il décide donc d'envahir l'Angleterre, pour punir « l'usurpation » de Harold et conquérir ce trône dont il se considère le légitime propriétaire.

Le 29 septembre, Guillaume débarque avec six mille hommes sur les plages du Sussex, à l'endroit même où César avait accosté plus de dix siècles auparavant. L'affaire se déroule sans combat. C'est que Harold est alors aux prises avec un autre prétendant, le roi de Norvège, qui vient d'assaillir le royaume avec trois cents navires. Une grande bataille a lieu dans la région d'York, à Stamford-bridge : victoire complète pour les Anglo-Saxons qui taillent en pièces les Norvégiens, dont le chef est tué. Après l'élimination de ce premier rival, Harold regagne Londres à marches forcées, puis se dirige vers le sud, afin de rejeter Guillaume à la mer.

Le 14 octobre, les deux armées, de force à peu près égale, s'affrontent à Hastings. Harold occupe une position presque imprenable. Mais Guillaume est meilleur stratège que son ennemi : feignant la retraite, il pousse les troupes adverses à commettre la faute, et finit par les encercler. Dans la soirée, les Normands triomphent, et Harold est mortellement atteint d'une flèche à l'œil.

Quelques semaines plus tard, Guillaume s'empare de Londres : le pays est loin d'être entièrement pacifié, mais la plupart des chefs se soumettent.

« Le couronnement eut lieu à Westminster le jour de Noël 1066. Ce fut Ealdred, archevêque d'York, qui officia. Au moment qui précéda le couronnement, Ealdred, comme lui avait ordonné Guillaume, demanda à la foule, en anglais, si elle acceptait pour roi Guillaume de Normandie. L'évêque de Coutances répéta la question en français pour les Normands. Tous répondirent par des acclamations. Malheureusement, au dehors, les troupes armées et montées qui avaient été placées là pour garder la basilique, se méprirent sur le sens de ces clameurs. Ils crurent qu'un malheur était survenu, et mirent le feu aux maisons voisines. Le peuple alors quitta l'église en grande hâte, abandonnant le roi, les évêques et le clergé. » (André Maurois, *La conquête de l'Angleterre par les Normands*, Albin Michel.)

Ainsi s'achève une conquête dont bien d'autres ont vainement rêvé depuis − et commence une dynastie dont les descendants règnent encore.

LE CHEVAL/MÉTAL

Venant d'ouest, dans le ciel, la sécheresse effleura la peau de la terre et engendra le Métal. Vents venus des steppes lointaines à la recherche de la sève vitale.

La tendance Cheval/Métal

Le Métal est du soir, de l'automne, du froid. Il symbolise la clarté, la pureté et la fermeté. Il sera celui qui tranche, qui coupe, son tempérament sera rigide, chaste, ses propos acérés. Il oscillera entre beauté et destruction. Par ailleurs il aura le sens des réalisations. Pour les moissons il sera le fer qui glane. Hélas trop de rigueur engendre tristesse et morosité.

Le Métal aura tendance à freiner le Cheval, lui imposant une direction, une attitude un peu trop rigide, pour un Cheval fougueux et passionné. L'Élément Métal enfermera le Cheval dans une armure qui lui pèsera comme un insupportable carcan, une camisole où étoufferont ses élans, ses pulsions, ses humeurs vagabondes. Le Métal est celui qui dessèche, et qui tranche. Sa rectitude et sa raideur entraveront la souplesse du Cheval, qu'elles brideront dans ses actions et dans sa course. Les cimes mystiques attirent le Cheval/Métal mais peuvent s'avérer dangereuses, car se laissant assez facilement subjuguer par les mirages, il se voit, au moindre faux pas, impitoyablement précipité dans l'abîme. Qu'il ne confonde pas sainteté et extravagance.

La santé Cheval/Métal

L'organe Métal est le poumon, son goût est l'âcre. Le Cheval/Métal devra s'oxygéner, respirer l'air pur, être actif, ne pas s'enfermer physiquement et moralement, créant ainsi des blocages qui pourraient être irréversibles.

Le Cheval/Métal et les autres

Il sera souvent énergique, n'hésitant pas à prendre des décisions ou des sanctions. Équitable et honnête il a une mentalité de chef. C'est un ardent idéaliste, avec une pureté un peu sectaire... Au fond, c'est le prototype du cheval à œillères, qui accomplit son travail jusqu'au bout, avec beaucoup de conscience, et une parfaite rectitude, ne tolérant aucun manquement – mais aussi dur envers lui-même qu'envers les autres. Ses propos, souvent secs et sans complaisance, lui attirent des ennemis. Il est par ailleurs efficace et brillant, ce qui lui permet de se maintenir en tête, mais fréquemment au prix de sa santé nerveuse.

Conseils pour un Cheval/Métal

Soyez détendu, moins « à cheval » sur les principes...

Une année Cheval/Métal

Le point culminant pour une année Cheval/Métal sera la saison de l'automne.

Retrouvez votre souplesse, soyez à l'écoute de votre corps, de votre instinct. Apprenez à vous détendre et laissez votre armure au vestiaire. Pour réaliser un parfait contrôle de soi, il faut adhérer au réel, s'unir aux rythmes et aux mouvements naturels – faute de quoi on s'expose à une révolte des forces obscures du psychisme.

Exemple historique d'une année
Cheval/Métal

1270

Le 1er juillet, le roi de France Louis IX prend la tête de la huitième croisade et embarque à Aigues-Mortes. Il s'agit d'aller de toute urgence porter secours aux royaumes chrétiens du Liban et de Syrie, menacés par le sultan d'Égypte Baibars. La flotte royale fait voile vers Tunis, où Charles d'Anjou, roi de Sicile et frère de Louis IX, doit rejoindre les croisés avec d'importants renforts.

Après une escale en Sardaigne, la flotte arrive devant Tunis le 17 juillet à l'aube. Terrorisés à la vue de cette puissance navale considérable, les habitants se réfugient dans la montagne. Le 24, l'armée donne l'assaut à la forteresse de Carthage dans les caves et les souterrains, où, pour les débusquer, les croisés les enfument comme des renards au terrier. Beaucoup périssent asphyxiés, mais les corps, exposés à la torride chaleur de l'été tunisien, exhalent bientôt une affreuse puanteur. Le roi prescrit d'enlever les cadavres putréfiés, mais l'ordre est mal exécuté, car on hésite à s'engager dans les souterrains où ils se décomposent...

« Quinze jours ne s'étaient pas écoulés que la pestilence, l'écrasante chaleur, l'absence d'eau provoquaient dans le camp des Français une effroyable épidémie de dysenterie. Les plus robustes des chevaliers étaient frappés. Quand le roi se vit contraint de garder le lit, il comprit qu'il n'en réchapperait pas.

« A neuf heures du matin, le 25 août, il demanda à être étendu sur un lit couvert de cendres et croisa ses mains sur sa poitrine. A peu près incapable de parler, il voyait encore, suivait des yeux ceux qui allaient et venaient et parvenait à faire des signes de croix.

« Vers midi, il murmura en regardant le ciel :
« Introïbo in domum tuam ; adorabo ad templum sanctum. » (J'entrerai dans ta demeure ; j'irai t'adorer en ton temple.)

« Ce furent ses dernières paroles. Peu à près, le souffle s'éteignit, et, vers trois heures de l'après-midi, il rendit l'âme "à cette heure même que le Fils de Dieu mourut en la Croix pour le salut du monde". » (Jacques Levron, *Saint-Louis*, Librairie Académique Perrin.)

Louis IX, devenu Saint-Louis, sera canonisé en 1297. A cette occasion, le pape Boniface VIII dira : « Que l'insigne maison de France se réjouisse d'avoir engendré un si grand et si noble prince par les mérites duquel elle est illustrée d'une façon sublime. Que le très dévot peuple de France fasse éclater sa liesse, parce qu'il a mérité d'obtenir un seigneur si vertueux, si choisi. Que les cœurs des prêtres exultent, car c'est avec l'assentiment unanime de tous nos frères et de tous nos évêques présents du Saint-Siège que nous l'avons inscrit au catalogue des saints. »

LE CHEVAL/TERRE

Le zénith humide s'écoula lentement du Ciel afin d'engendrer la Terre.

La tendance Cheval/Terre

Terre de l'après-midi, terre humide et chaude de l'été. Terre symbole du nid douillet, du confort et de l'abondance. Terre des transformations lentes et profondes. Terre bénie pour le Cheval qui la foule, la conquiert, la travaille, mais la Terre est également synonyme de refuge, de repos, de rêverie, elle invite le Cheval à la méditation, l'incite à une pause et à un salutaire retour sur lui-même. La Terre porte le Cheval, elle colle cependant à ses sabots, il devra prendre son élan afin d'échapper à la pesanteur et de gagner les grands espaces. Si le Cheval est en communion avec l'Élément Terre, il ne doit pas en être prisonnier, car il deviendrait alors bête de somme et de labour, perdrait son caractère céleste, oublierait le chemin des étoiles et l'étincelante échelle des anges.

La santé Cheval/Terre

L'organe Terre est la rate, son goût est le doux. Le Cheval/Terre devra veiller à rester actif, sportif, conquérant, sinon il s'exposera à la neurasthénie et à l'embonpoint, finissant sa carrière à l'écurie ou au manège...

Le Cheval/Terre et les autres

Le Cheval/Terre est généralement un réaliste, voire un matérialiste, avançant prudemment, avec une certaine méfiance. Il est prévoyant et calculateur, aimant spéculer, amasser – tout en conservant un côté joueur. Mais il manquera parfois d'envergure, et sera moins ambitieux que les autres Chevaux. Il sera consciencieux, scrupuleux, mais de nature possessive et jalouse, il soupçonnera facilement son entourage à tort. Plein de fougue et d'initiative dans ses premières années, il se préoccupera par la suite davantage de son confort et de sa sécurité, se consacrant à sa famille, et à ses biens.

Conseils pour un Cheval/Terre

Ne vous « encroûtez » pas, ce serait désastreux pour votre ligne et votre image de marque. Conservez votre dynamisme et votre jeunesse : le Cheval est avant tout un conquérant élégant et séduisant. Ce n'est pas en ressassant vos problèmes en Bourse et vos peines de cœur que vous sortirez de l'ornière. Ressortez vos sabots d'or, votre robe de lumière, et bannissez le mot échec de votre vocabulaire...

Une année Cheval/Terre

« La Terre est un Agent à part, c'est un Élément "producteur" représentant le centre, il est en relation directe avec tous les Agents, les contenant tous. » (J.M. de Kermadec, *Les Huit Signes de Votre Destin*, l'Asiathèque.)

Le point culminant pour un Cheval/Terre sera l'été. Le Cheval ne sera plus à la recherche du pain quotidien, libre de tous mouvements, de toutes contraintes, il retrouvera le goût des grands espaces et de la liberté reconquise. Mais qu'il prenne garde aux éruptions trop vives de sa nature excessive et fervente : elles pourraient le conduire à des erreurs catastrophiques.

Exemple historique d'une année
Cheval/Terre

1918

En mars, les Allemands, qui disposent d'immenses renforts dégagés par leur victoire sur la Russie, déclenchent une puissante offensive sur la Somme. Ils coupent l'armée franco-britannique, et sont presque en mesure de jeter les Anglais à la mer. Foch arrête leur progression — d'extrême justesse, et au prix de pertes effroyables.

En juillet, Ludendorff et le Kronprinz lancent un assaut général en direction de Paris. A l'état-major de Guillaume II l'exaltation est à son comble, d'autant que la ruée germanique semble au début irrésistible. Mais là encore, Foch stabilise le front, et réussit à refouler l'envahisseur.

« Dès le 17 juillet, les troupes de Ludendorff repassaient la Marne. Le 18, comme il avait été prévu, l'attaque française se déchaînait. C'était la seconde victoire de la Marne, c'est-à-dire le début de la bataille de France qui allait, en seize semaines, assurer aux alliés le triomphe le plus complet et le moins attendu. (P. Erlanger, *Clemenceau*, Grasset.)

A la fin d'octobre, l'Allemagne est virtuellement vaincue. Ses troupes refluent de toutes parts vers le Rhin. Des troubles révolutionnaires éclatent à Berlin, et l'empereur Guillaume est bientôt obligé d'abdiquer. Le nouveau gouvernement finit par accepter les conditions des alliés : l'armistice est signé le 11 novembre.

« A Paris, une foule anxieuse et recueillie remplit les rues depuis la veille. Maintenant, elle délire. La clameur est telle qu'on ne peut entendre sa propre voix. La séance de la Chambre doit avoir lieu à 4 heures. Un océan humain recouvre la Concorde et les approches du Palais-Bourbon. L'hémicycle lui-même est une fourmilière.

« Clemenceau qui, depuis le matin, a, dit-il, été embrassé par cinq cents jeunes filles, veut éviter une entrée théâtrale. "On voit s'avancer, dira *le Temps*, un vieillard, la tête nue et un peu courbée, ganté de gris, les bras tombant comme lassés, donnant l'impression d'un homme brisé par l'émotion qui l'étreint, accablé par tous les honneurs et les vivats dont on le charge et qui se sent dépassé, emporté par des événements qui ne sont pas à la pointure humaine."

« D'une voix sourde il lit les clauses de l'armistice. Les députés, après chaque paragraphe, applaudissent, se lèvent, cela fait une houle singulière. Clemenceau s'efforce à la simplicité, à une sobre grandeur.

« – Au nom du peuple français, au nom de la République française, j'envoie le salut de la France, une et indivisible, à l'Alsace-Lorraine retrouvée !

« C'est l'ouragan. » (P. Erlanger, op. cité.)

LE MINISTRE DE LA GUERRE, Pt DU CONSEIL;

LE MINISTRE DE LA JUSTICE

LE MINISTRE DE LA MARINE

LE MINISTRE DE L'INSTRUCTION PUBLIQUE

J. Dubout.

*Un ministère
très homogène*

LE MINISTRE DES FINANCES

LE MINISTRE DES AFFAIRES ÉTRANGÈRES

LE MINISTRE DE L'INTÉRIEUR

LE MINISTRE DU TRAVAIL

LE CHEVAL/EAU

Au Nord, dans le ciel, naquit le froid ; descendant sur la terre il engendra l'Eau. Pour la Chine, l'Eau est davantage synonyme de froideur et de glace que source de fertilité.

Le Cheval/Eau

L'année du Cheval/Eau comporte une bizarrerie. Des soixante couples Animal/Élément de l'astrologie chinoise, c'est le seul dont l'Élément subisse une curieuse mutation, puisqu'un natif des années concernées (1846, 1906, 1966, etc.) est appelé *Cheval de Feu*.

L'année se terminant par le Chiffre 6 n'en est pas moins marquée par l'Élément Eau : le Cheval qui a vu le jour cette année-là possède donc toutes les caractéristiques de l'Élément Eau, avec, en plus les traits spécifiques du Cheval de Feu.

La tendance Cheval/Eau

Eau des nuits d'hiver, froideur, rigueur et sévérité, eau calme et profonde engendrant crainte et respect, eau dormante abritant des démons sous-marins qui sommeillent. Eau fétide et boueuse des marais. Refuge des rampants.

Le Cheval ardent et fougueux cherchera à conquérir, à dominer cet Élément Eau, devenant cheval aquatique des légendes indiennes. Mais il devra refaire surface sur cette terre, symbole d'espace et de liberté, plus apte à servir son besoin insatiable d'action et de mouvement. L'Eau ne sera pas pour le Cheval un frein, un arrêt, son dynamisme et sa tendance Yang le pousseront toujours plus loin, au fond de lui-même, et des divers univers qui sont pour lui synonymes de conquête... Au contact de l'Eau, l'ardente énergie du Cheval peut même devenir frénésie, et porter l'Élément à ébullition, d'où l'expression *Cheval de Feu*, pour désigner le Cheval/Eau.

La santé Cheval/Eau

L'organe Eau est le rein, son goût est le salé. Le Cheval devra se tonifier, transformer cette Eau, la rendre vivifiante et fertile. Il devra toujours veiller à rester dynamique, actif, sportif. Trop d'humidité et d'inaction ne pourraient que le paralyser, sinon physiquement, du moins moralement, et le Cheval ne le supporterait pas !

Le Cheval/Eau et les autres

Une étrange fatalité s'acharne souvent sur sa famille et son entourage immédiat. Mais ce Cheval est doué d'une puissance peu commune. Il peut donc, mieux qu'un autre, dominer ses impulsions, maîtriser ses passions, ses excès et ses débordements. Peut-être arrivera-t-il même à écouter les autres, ou leurs conseils ?... Toutefois il ne faut pas se leurrer, le tempérament de ce Cheval reste avant tout actif, violent, habité de rêves paroxystiques. S'il réussit à canaliser tout ce dynamisme, il peut devenir un grand aventurier, au sens le plus noble du terme, ou passer maître dans l'art de gouverner, de mener les foules et de diriger les nations. Le Cheval/Eau peut être aussi un humaniste, il croit en l'homme et plaidera souvent sa cause, face à l'État, la Justice et la Société. L'univers spirituel ne le laisse pas indifférent, mais il s'allie difficilement à son besoin d'action, et c'est dans ce domaine qu'il peut espérer une vraie victoire sur son égoïsme latent.

Conseils pour un Cheval/Eau

Suivez les élans de votre dynamisme, croyez en vous, en votre étoile, n'ayez pas peur de prendre la tête, ou le commandement, vous possédez le pouvoir de faire bouillonner les eaux dormantes...

Une année Cheval/Eau

Le point culminant pour une année Cheval/Eau sera la saison d'hiver, période de gestation. Le Yin de l'Eau est porté à ébullition par le Yang du Cheval − d'où la mutation en Cheval de Feu.

Recherchez l'équilibre, la juste mesure entre action et réflexion, ne dispersez pas vos énergies en vous jetant dans de grandes aventures physiques ou sentimentales intempestives, mais réfléchissez avant de vous engager, vous éviterez les déceptions et les échecs. Ne vous laissez pas attirer vers les eaux dormantes, recherchez la source tonifiante : vous ferez des prodiges.

Exemple historique d'une année
Cheval/Eau

1942

En décembre 1941, les troupes nazies ont subi leur premier échec sérieux devant Moscou. Or, en dépit de cet obstacle, et de l'entrée en guerre des États-Unis, l'Allemagne, à la fin de l'été 1942, semble avoir recouvré sa toute-puissance.

« Pour qui les suit à la carte, l'étendue des conquêtes d'Hitler apparaît bel et bien stupéfiante. La Méditerranée était pratiquement devenue un lac germano-italien. L'Axe contrôlait en effet la presque totalité de ses côtes septentrionales, de l'Espagne à la Turquie, et ses côtes méridionales de la Tunisie au Nil (il ne s'en fallait que de 100 kilomètres). Les armées allemandes montaient à présent la garde depuis le cap Nord, sur l'océan arctique, jusqu'à l'Égypte, et de Brest aux confins de l'Asie centrale.

« Le 8 août, les armées hitlériennes s'emparaient des puits de pétrole de Maïkop, dont la production atteignait 2 500 000 tonnes par an : elles les trouvèrent d'ailleurs presque complètement détruites par les Russes, avant leur repli. Le 21, Hitler faisait hisser la croix gammée sur le mont Elbrouz, le plus haut sommet du Caucase. Le 23, la VIe armée atteignait la Volga, au nord de Stalingrad, et, le 25, les avant-gardes blindées du général Kleist entraient dans Mozdok, à 80 kilomètres de Grozny, centre pétrolifère no 1 de l'U.R.S.S., à 160 kilomètres de la mer Caspienne. Le 31, Hitler pressait le maréchal List, commandant en chef des opérations du Caucase, de rassembler toutes ses forces disponibles, en vue de la poussée sur Grozny. Il fallait coûte que coûte s'emparer de ses puits. Également le 31, Rommel, bien résolu à atteindre le Nil, déclenchait l'offensive d'El Alamein. Hitler entrevoyait cette fois la victoire à portée de la main. Il donna ordre à la VIe armée, et à la IVe armée blindée, d'opérer le long de la Volga − une fois Stalingrad conquise − un vaste mouvement d'encerclement qui leur permettrait d'approcher la Russie centrale et Moscou, à la fois par l'Ouest et l'Est. "Les

Russes sont à bout", assurait-il à Halder. Il se voyait déjà poursuivant son avance irrésistible à travers l'Iran jusqu'au Golfe Persique et opérant la liaison avec les armées japonaises dans l'océan Indien. » (W. Shirer, *Le Troisième Reich*, Stock.)

Cette période marque l'apogée du dictateur – et l'amorce de son déclin. Ses troupes n'iront pas plus loin. A la fin de l'année, l'Afrika Korps de Rommel aura été anéanti à El Alamein, et von Paulus, piégé dans Stalingrad, devra capituler. Ce sera le commencement du reflux – avant la grande débâcle.

LE CHEVAL/BOIS

A l'Est, dans le ciel, souffla le vent, et de sa tiède caresse à la terre naquit le Bois.

La tendance Cheval/Bois

Le Bois est du matin, du printemps, d'une nature tempérée, amoureux de l'harmonie et de la beauté. La mi-saison sera féconde et créatrice pour ce Cheval de nature élégante, elle lui apportera équilibre et puissance, tempérant ainsi sa fougue et renforçant son pouvoir de création, développant au maximum son sens du beau, son besoin d'harmonie. La nature tout entière s'offrira au Cheval, l'attirant loin de « l'écurie » en dehors des « enclos », lui offrant la promesse d'espaces à conquérir, de terres à découvrir, ce qui n'est pas pour déplaire à son caractère impatient et ardent. Mais le Bois, comme le Cheval, est également passionné, excessif, emporté. Le Cheval/Bois sera donc souvent susceptible, jaloux et possessif..

La santé Cheval/Bois

L'organe Bois est le foie, son goût est l'acide. Le Cheval/Bois sera parfois inquiet, voire angoissé avec une peur de l'échec tournant à la hantise. Ce désarroi peut entraîner des blocages de toutes sortes, des crises dépressives, et même des lésions d'origine psycho-somatique. Tâchez de dédramatiser : même le pire échec peut être un facteur de régénération.

Le Cheval/Bois et les autres

L'Élément Bois est foncièrement ambivalent, puisque à côté d'une ferveur inquiète, il développe des tendances décontractées et détendues. Ce sont elles qui permettront au Cheval de dominer sa peur de l'échec. Face aux structures établies, le Cheval/Bois improvisera, préférant l'imagination et la création à la raison et la discipline. Devant l'obstacle, il aura tendance à foncer, en oubliant ses craintes et ses doutes, et cette audace sera souvent récompensée. Une telle attitude déroutera peut-être, étonnera sûrement, et séduira. Le Cheval/Bois n'hésitera pas à se servir de son charme, de son élégance, de son bon goût, et saura être opportuniste à bon escient — sans choquer ni écraser.

Conseils pour un Cheval/Bois

Vous êtes Cheval ardent et élégant, vous méprisez les habitudes et le train-train quotidien, vous avez horreur de perdre... Lancez-vous dans les rôles de jeune premier romantique, ne reculez devant rien, ne vous laissez surtout pas gagner par le doute.

Une année Cheval/Bois

Le point culminant pour une année Cheval/Bois sera la saison du printemps, période d'accroissement et de prospérité.

Une année pleine d'énergies et de forces nouvelles, d'idées et de projets qui n'attendent que de voir le jour. Une année excellente pour les créateurs. Des conflits et problèmes réputés insolubles trouveront une solution.

Exemple historique d'une année
Cheval/Bois

1954

Cette année marque un tournant décisif dans la guerre d'Indochine où les Français sont empêtrés depuis des mois. Et derrière le drame indochinois, c'est le destin de toute l'Asie du sud-est qui est en jeu. L'année précédente, les Américains avaient mis fin à la guerre de Corée, par un armistice aux termes duquel les chinois s'engagaient à ne fournir aucune aide au Vietminh. Or c'est exactement le contraire qui s'est produit, et depuis, la situation n'a cessé de se dégrader. Les Américains préconisent alors une internationalisation du conflit – ce que le gouvernement français refuse catégoriquement. Aux Bermudes, Eisenhower, Churchill et Bidault se rencontrent – sans résultat positif.

« L'encerclement de Diên Biên Phu porta la tension à un état aigu. Le 13 mars, deux des principaux points d'appui tombèrent aux mains des communistes ; deux jours plus tard, le commandant en chef, le général Navarre, n'exclut pas la possibilité d'une chute de la forteresse. Cette fois, par la bouche du général Ely, envoyé en mission à Washington, le gouvernement français demanda une intervention militaire américaine. Dulles n'y était pas hostile. Le vice-président Nixon et l'amiral Radford préconisaient un bombardement aérien des positions du Vietminh par engins conventionnels. Outre cette opération, dite « Vautour », la saisie de l'île de Hainan, suivie d'un débarquement dans la région de Hanoï, fut mise à l'étude.

« De tous ces projets rien n'aboutit. Au début d'avril, Eisenhower avait rendu publique sa célèbre théorie des dominos : qu'une partie du Sud-Est asiatique tombe et le reste suivra. C'était fort bien dit. Toutefois, au même moment, il ne se sentait pas disposé à prendre les risques nécessaires pour assurer la stabilité du premier de ces dominos. Le principe d'une coopération fut admis, mais entouré de conditions telles que son application devenait invraisemblable, ou repoussée à une date si lointaine qu'elle perdrait toute valeur. » (*De Pearl Harbor à Kennedy*, R. Lacour-Gayet, Fayard.)

Le 7 mai, Diên Biên Phu capitule : en Indochine, la situation devient intenable pour les Français, d'autant que cette guerre coloniale devient de plus en plus impopulaire en métropole.

A l'instigation de Pierre Mendès France, des accords sont conclus à Genève, le 20 juillet, décident la division du Vietnam en deux zones, séparées par le 17ᵉ parallèle : au Nord, les communistes, au Sud, les démocrates. Des élections générales sont fixées pour 1956. Dès le départ des Français, les Américains se poseront ouvertement en protecteurs du Vietnam du Sud, auquel ils enverront notamment plusieurs centaines de conseillers et d'instructeurs militaires. La guerre d'Indochine s'achève : celle du Vietnam commence.

LES ASTRES

L'établissement d'un Thème astrologique chinois se base non seulement sur les signes emblématiques et les éléments, mais également sur les Astres. Ainsi, l'astrologue « place » dans le thème un certain nombre d'astres, dont certains sont fictifs, et de constellations. Au total, il y en a 110... Cela explique que nous ne puissions, dans ce livre, en faire le tour mais en voici quand même quelques-uns : Béatitude, Providence, Hercule, Minos, Pégase, Phénix, Castor, Pollux, Dédale, Aphrodite, Prométhée...

S'y ajoutent les planètes du système solaire dont les noms nous sont connus : Mercure, Vénus, Mars, Jupiter, Saturne, chacune des cinq en analogie symbolique avec l'un des cinq éléments (voir : tableau analogique des différents éléments).

TABLEAU ANALOGIQUE DES DIFFÉRENTS ÉLÉMENTS

ÉLÉMENTS	BOIS	FEU	TERRE	MÉTAL	EAU
ANNÉES SE TERMINANT PAR	4 et 5	6 et 7	8 et 9	0 et 1	2 et 3
COULEURS	Vert	Rouge	Jaune	Blanc	Bleu
SAISONS	Printemps	Été	Fin d'été	Automne	Hiver
CLIMATS	Vent	Chaleur	Humide	Sec	Froid
SAVEURS	Acide	Amer	Doux	Piquant	Salé
ORGANE PRINCIPAL	Foie	Cœur	Rate	Poumons	Reins
ORGANE SECONDAIRE	Vésicule	Intestin grêle	Estomac	Gros intestin	Vessie
ALIMENTS	Blé, volailles	Riz, mouton	Maïs, bœuf	Avoine, cheval	Pois, porc
PLANÈTE	Jupiter	Mars	Saturne	Vénus	Mercure

TABLEAU DE L'ENTENTE ENTRE LES ÉLÉMENTS

	Femme Bois	Femme feu	Femme Terre	Femme Métal	Femme Eau
Homme Bois	●●	○	○○○	○	○○
Homme Feu	○	○	○○	●	●●
Homme Terre	●●	○	○	○○○	●
Homme Métal	○	●●	●	●●	○○○
Homme Eau	○○	●●	●	○○○	○

○○ excellent prospérité

○○ bonne harmonisation compréhension

○ nécessitant des efforts

● rivalités et problèmes de domination réciproque

●● mésentente et incompréhension

LE CHEVAL
DES QUATRE
SAISONS

時是性、動 知覺不離理。理

貫通。無心則無着處。心是

Si vous êtes né au printemps

CHEVAL/BÉLIER

Le Cheval/Bélier a en lui la force et l'énergie nécessaire pour gagner les courses – à condition que celles-ci soient courtes, et que la façon de prendre le départ compte davantage que l'endurance. En effet, cet animal fougueux n'est guère fait pour les longues distances : son enthousiasme est celui des commencements. Cependant, avec un bon jockey sur le dos, il peut aller loin.

Là surgit la principale difficulté de cette nature ardente, chaleureuse, sincère, voire un peu naïve, subjective et emportée. L'être marqué par l'influence du Cheval et du Bélier est foncièrement indépendant, mais pour être, dans la vie, réellement efficace, il a besoin d'être entraîné (dans le sens sportif du terme, car autrement ce serait plutôt lui qui entraînerait les autres...) canalisé et dirigé. Or il ne supporte pas l'idée d'être influencé. Il faut donc le faire de façon assez subtile pour qu'il ne se rende pas compte, ce qui n'est pas trop difficile car le Cheval/Bélier ne brille ni par la perspicacité ni par la psychologie. Son domaine, c'est l'action. En amour, il est capable d'un merveilleux dévouement, mais il n'envisage pas d'être repoussé. Il n'est pas compréhensif, mais il est bon. Affaire de nuances...

CHEVAL/TAUREAU

Au contraire de son prédécesseur, ce Cheval-là est apte à courir sur de longues distances. Capable de mouvoir de lourdes charges, il a la force d'un éléphant. Il en a aussi la rancune : si on le relègue sur une voie de garage, s'il ne peut pas utiliser à plein son énergie, réaliser ses rêves... on l'entendra se plaindre et râler pendant une bonne quinzaine d'années. Cet alliage développe considérablement l'imagination : un véritable torrent créatif coule dans les veines du Cheval/Taureau, et s'il parvient à l'extérioriser, il peut faire des choses remarquables.

Le Cheval/Taureau est sentimental, affectueux et moins égoïste que les autres Chevaux : il pense à rendre les gens heureux autour de lui ; cela lui est même indispensable. Généreux mais pas tolérant, il se fatigue si l'on ne répond pas à sa passion. C'est un être qui vit dans l'intensité, surtout sur le plan affectif. Son comportement peut varier de façon surprenante suivant qu'il est, ou non, amoureux, car la fusion passionnelle est pour lui un état normal, une sorte de respiration naturelle. Inutile de dire que tout le monde ne peut pas suivre...

Le Cheval/Taureau est paisible. Ses colères sont rares et dévastatrices. Dans ces moments-là, inutile de faire appel au raisonnement, car la souffrance peut l'aveugler. Meilleur remède : attendre qu'il se calme pour lui faire boire une tisane... ou lui jeter un filet sur le dos pour l'immobiliser.

CHEVAL/GÉMEAUX

Le Cheval/Gémeaux est un cheval de cirque, dans le sens le plus noble du terme. En se jouant, il sautera à travers des cerceaux de feu, dansera le tango ou fera semblant d'être mort en entendant un coup de revolver à blanc. C'est un Cheval qui aime jouer, et parader, par jeu. Il ne se prend guère au sérieux, mais, comme tous les Chevaux, déteste qu'on le traite avec désinvolture.

Le Cheval/Gémeaux a l'étoffe d'un comédien, d'un orateur. Il a de l'assurance, il s'adapte à tout. Mais son drame est qu'à force de faire rire, à force de tout faire tourner « à la farce », il risque de donner de lui une fausse image et d'en devenir la victime. Lorsqu'on voit un homme en costume de clown accomplir un acte héroïque, se souvient-on mieux du héros que du clown ? Le Cheval/ Gémeaux est intrépide, impatient, trépidant. Il aime le grandiose, la poudre aux yeux. Il la jette par poignées, avec de grands gestes rieurs. S'il pleure, on croit qu'il joue la comédie. Ce mélancolique caché est en fait un incompris. En outre, il ne sait pas toujours ce qu'il veut, même s'il est doué pour tout. Il n'a pas intérêt à choisir une profession nécessitant de l'application et de la persévérance — mais il fera un excellent reporter sportif. L'éloquence est une de ses principales qualités. Elle l'aide à séduire, bien qu'en amour, il soit un peu inconséquent et peu conscient (non par méchanceté mais par étourderie) des sentiments d'autrui.

呂溫漢破曹陽矦操

Si vous êtes né en été

CHEVAL/CANCER

Le Cheval/Cancer a beaucoup d'imagination mais pour la mettre en pratique et l'utiliser valablement il a besoin de pâturages abondants. La sécurité a pour lui une grande importance. Autant, dans un élevage bien entretenu, il n'aura pas son pareil pour élever une brillante nichée de poulains, autant, abandonné dans la nature, il deviendra craintif et amer. C'est le plus tendre, le plus affectueux des Chevaux. Son ambition principale, c'est de réussir sa vie privée, de se consacrer, avec une énergie tenace, au bonheur de sa famille. C'est pour celle-ci qu'il gagnera des courses et franchira des obstacles, pas pour la gloire. Bien sûr, il est parfois un peu fanfaron, il aime qu'on l'admire... Mais lorsqu'un Cheval/Cancer reçoit une médaille il y a toute sa famille dans la tribune. C'est là « son » public.

Le Cheval/Cancer a besoin de confort et c'est pour cela qu'il travaille et tire la charrue avec obstination, en pensant la plupart du temps à autre chose, d'ailleurs. Il se laisse souvent stopper par un obstacle et doute de sa puissance à le franchir. Il tourne en rond dans son corral sans oser hennir trop fort. Il a pourtant autant de possibilités de réussir que les autres Chevaux, mais il est trop sensible pour écraser sans remords les sabots de ses congénères.

CHEVAL/LION

Champion toutes catégories de la course d'obstacles. Rien ne l'arrête, et d'ailleurs, il aime ça. C'est le piment de sa vie. Dès qu'il est capable de se mettre sur ses jambes, il se prépare aux jeux olympiques. Les petites compétitions provinciales ne sont pas son fort : lui, ce qu'il veut, avec toute son énergie, c'est gagner.

Le Cheval/Lion déteste l'immobilité, les retards. Il piaffe, et si on l'empêche d'aller à son allure favorite (le galop, bien sûr), il donne une bonne ruade. Même lorsqu'il est remarquablement lucide et intelligent, le Cheval/Lion a du mal à modérer son ambition. Il est poussé par une soif insatiable de records. Il ne supporte pas d'attendre. Son idéal personnel ne lui laisse aucun repos. Il est orgueilleux, autoritaire et a une crainte dramatique de l'échec.

Le principal défaut du Cheval/Lion est l'égoïsme. Il ne pense guère aux autres, et même lorsqu'il est passionnément épris, il comprend mal les pudeurs, les hésitations et les scrupules d'autrui. Inutile d'espérer : il ne se mettra jamais à votre place, ou alors, vous en ressortirez transformé en carpette... Et il ne s'en sera même pas rendu compte. Sa grande qualité est le courage. Inemployé, il étouffe. Croyez en lui... Cela lui donnera une bouffée d'oxygène.

CHEVAL/VIERGE

« Le p'tit ch'val dans l'mauvais temps, qu'il avait donc du coura-a-ge » chantait Brassens. Il pensait sûrement à un Cheval/Vierge. En effet, il faut bien l'appui d'un signe de Terre aux personnes nées dans une année du Cheval, pour ne pas faire feu des quatre sabots, dans le désordre. Le Cheval/Vierge est équilibré. Il est raisonnable et honnête, ne s'écarte pas des sentiers battus et atteint son but à force de travail. Moins brillant que les autres Chevaux, il a des chances d'obtenir une réussite plus solide, car la gloire ne lui tourne pas la tête. Puis, il est très débrouillard et trouve à tout des solutions pratiques. Cet alliage est également favorable aux natifs de la Vierge car il leur donne ce qui leur manque le plus : la confiance et l'enthousiasme. Les virginiens nés dans une année du Cheval sont sociables, doués pour les contacts, persuasifs. Cette facilité naturelle, jointe à leur sens du devoir, peut faire merveille sur le plan professionnel.

Affectivement, le Cheval/Vierge est très attaché à son foyer, mais sous des dehors timides, c'est un autoritaire qui a des principes et aime qu'on les suive. Ses règles de vie sont strictes et, encore une fois, comme tous les Chevaux, il est très surpris lorsque ceux qu'il aime ont l'idée, ô combien bizarre, « d'exister par eux-mêmes ».

Si vous êtes né en automne

CHEVAL/BALANCE

C'est un Cheval élégant et raffiné, à la robe lustrée, à la crinière bien peignée. Lorsqu'il sort de sa stalle, aucun bout de paille ne vient gâcher sa belle ordonnance. Son allure préférée, c'est le trot élastique et harmonieux, ni trop vite, ni trop lentement. L'influence du signe de la Balance aide les Chevaux à envisager le revers de la médaille et leur donne le sens des nuances, des contraires : un Cheval/Balance est plus tolérant que ses congénères ; la seule chose qu'il ne supporte pas, c'est la faute de goût.

Le Cheval/Balance sait s'exprimer et il défend avec chaleur son idéal de justice et d'harmonie. Mais il est un peu abstrait et parle plus qu'il n'agit. Il laisse cela à d'autres, et il a bien raison : avant d'entraîner, il faut convaincre, et c'est là son job. Le Cheval/Balance peut faire beaucoup de choses car il s'adapte facilement. Il est agréable en société et dans l'intimité car il cherche toujours un point d'entente, quitte à céder − en apparence − sur quelques points secondaires. Il n'ira cependant jamais jusqu'à se sacrifier. De même, s'il vous aime, il sera faible mais ne se laissera manipuler que jusqu'à une certaine limite, qui est bien précise dans sa tête. Il ne se laisse pas seller par le premier venu.

CHEVAL/SCORPION

Ce Cheval lucide et méfiant se laisse difficilement apprivoiser, et nul doute que s'il vous laisse le monter sans ruer des quatre fers, c'est qu'il y trouve une utilité quelconque. Farouchement indépendant, hyper sensible, passionné et vindicatif, il a essentiellement besoin de liberté. Ambitieux, intéressé, il est parfois même arriviste. C'est lui qui, dans une course, distribuera au départ, et sans remords, quelques coups de sabots bien dirigés pour éliminer ses concurrents...

En revanche, le Cheval/Scorpion se distingue de ses congénères par sa perspicacité. Peu étouffé par les principes il n'en écrase pas son entourage, et lorsqu'on respecte son indépendance il est agréable à vivre et très compréhensif pour un Cheval. Le hic, c'est qu'il ne sait se défendre contre la passion. Souvent d'une sensualité effrénée, il se jette dans la conquête avec l'avidité d'un bourdon dans les fleurs. Si l'on cherche à lui échapper avant qu'il soit lassé, ou si on lui résiste sans raison valable, il se transforme en cheval sauvage. Si vous vous sentez la force d'un champion de rodéo, allez-y, et bon courage. Si vous tenez dessus plus d'une minute, vous avez gagné.

CHEVAL/SAGITTAIRE

Cheval de concours. Il ne manque pas de souffle et aime profondément courir. Le problème, c'est qu'à l'inverse du Cheval/Lion il ne court pas spécialement pour gagner, mais simplement pour l'ivresse de sentir chanter à ses oreilles le vent de la liberté. Important : il faut, absolument, un but au Cheval/Sagittaire. Un but spirituel, matériel ou affectif, mais un but. Sinon, il courra joyeusement, indéfiniment, sans jamais prendre le temps de s'arrêter nulle part, totalement inconscient de ses responsabilités, de la beauté du paysage et des six gosses qu'il a laissés à l'écurie. Seule comptera l'ivresse, et encore l'ivresse... Si le Cheval/Sagittaire est motivé par un idéal, s'il sait où il va, ne vous faites pas de souci : il y arrivera. Il fera les choses bien, car il a le sens de l'honneur et ne manque pas de panache. Naturellement, une fois arrivé, il racontera son succès pendant vingt ans, car il n'a pas le triomphe modeste... C'est le genre à accomplir un exploit sans précédent, puis à passer le reste de sa vie à faire des conférences.

Affectivement le Cheval/Sagittaire est généreux : il essaye louablement de comprendre son entourage. Mais attention : il ne rigole pas avec les valeurs familiales. Il y a des choses qui se font et des choses qui ne se font pas. Là,

Si vous êtes né en hiver

CHEVAL/CAPRICORNE

Ce Cheval noble et sans artifices est le plus vertueux, le plus lucidement courageux, le plus persévérant. En général, il lui faut un certain temps pour trouver sa voie, mais une fois décidé, il y consacre toutes ses forces et ne dévie pas d'un pouce. Bien sûr, il n'est ni très chaleureux ni très démonstratif, et pour lui le travail, ou plus exactement le résultat du travail compte plus que les anniversaires de sa femme et de ses enfants. Dans les moments graves il est capable de beaucoup d'affection, mais il y a dans sa tête une hiérarchie très nette des obligations : le nécessaire prévaut sur le superflu. Il a besoin d'une stabilité familiale et lorsqu'il l'a obtenue il la remet rarement en question. Il est secrètement passionné et a de l'humour − quand il le faut.

Le Cheval/Capricorne peut rebuter son entourage par sa rigueur, son exigeance. Il déteste la faiblesse et n'admet pas les compromissions. Il a une âme de justicier solitaire. Et s'il a besoin, comme tous les chevaux, d'espérer pour entreprendre, il est capable de persévérer en se passant de réussite. Il voit si loin... Il est du genre à rencontrer une gloire posthume.

CHEVAL/VERSEAU

L'être marqué par cette combinaison est un curieux mélange d'égoïsme et de générosité. Tout dépend, en somme, du genre de relation qu'on a avec lui. Le Cheval/Verseau est intuitif mais instable, et son imagination, qu'il a du mal à canaliser, l'entraîne volontiers à négliger complètement le présent, au profit d'un lointain vague et nébuleux. Si vous avez un enfant Cheval/Verseau, répétez-lui toutes les heures quelques vieux proverbes du style « Un tiens vaut mieux que deux tu l'auras ». Si vous vous y prenez assez tôt, il comprendra peut-être avant sa mort. Tentez votre chance...

Au fond de lui, le Cheval/Verseau sait où il va, mais il ne sait comment l'exprimer, ce qui explique que son idéal soit mal perçu de son entourage. Si l'on cherche à le freiner, il devient nerveux et irritable. Le mettre en face de ses responsabilités peut être un bon moyen, car il a le sens du devoir et possède une haute moralité.

Le Cheval/Verseau est compréhensif, dévoué, adorable − tant qu'on ne lui demande pas de s'engager personnellement. Autrement, il est d'un égoïsme, d'une insensibilité et d'un détachement incroyables. Il sera peut-être malheureux de vous voir souffrir, mais ne le montrera jamais. En fait il est très délicat de l'obliger à vivre au niveau du quotidien.

CHEVAL/POISSONS

En général, les chevaux dorment debout, c'est bien connu. Quant aux natifs des Poissons, ils sont particulièrement aptes à la rêverie. Résultat : le Cheval/Poissons est très doué pour se laisser couler au gré des courants sans tellement s'en rendre compte. Très influençable, sentimental et même un peu naïf, il aime l'idée du sacrifice, se prend volontiers pour un héros, mais ne sait plus tellement où commence le rêve et où finit la réalité : il est capable de vivre intensément les deux, en les confondant allègrement.

Romantique mais attaché à la sécurité, le Cheval/Poissons est à la fois disponible et intéressé. Charmant avec ses amis, il conserve toujours, au fin fond de son inconscient, l'idée de ce qu'il pourra en tirer. Faisant preuve, en toutes circonstances, d'un opportunisme assez remarquable, il ne calcule pas. En vérité, c'est naturel, chez lui. Si vous lui dites que vous le trouvez avide, il vous sautera à la gorge en vous citant pêle-mêle trente-six bonnes œuvres dans lesquelles on le connaît par son petit nom. Vous ne saurez jamais s'il en est le bienfaiteur ou le bénéficiaire... Toujours profondément sincère, sur le moment, il s'adapte sans cesse à de nouvelles vérités. Mais il est séduisant et charmant. A vous de choisir...

LE JEU ASTROLOGIQUE DU YI-KING

時能靜、靜時能存則動時得力.須是動時也做工夫.靜時也

工夫、則動時固動.靜時雖欲求靜亦不可得而靜.靜亦動也。

LE YI KING ET LE CHEVAL

Le Yin King est un jeu divinatoire. Vous posez votre question, vous obtenez une réponse. Mais en posant votre question, vous la posez avec votre identité CHEVAL. Les rouages, le mécanisme complexe de votre esprit viennent de se mettre en route. Vous posez une question CHEVAL, le Yi King répond une « solution » CHEVAL sur laquelle vous pourrez méditer en CHEVAL avant d'y porter une conclusion CHEVAL.

Pour vous, Maître CHEVAL, voici les 64 hexagrammes du Yi King, 64 hypothèses... CHEVAL.

L'opérateur se trouvera devant un hexagramme qui est « l'hypothèse-réponse » à sa question, ou plus justement la synthétisation des forces qui se meuvent pour l'affaire ou l'événement attendu.

Comment procéder :

1. *La question.*

Posez une question, au sujet de n'importe quel problème, passé, présent ou à venir, vous concernant personnellement. (Pour quelqu'un de votre entourage, consultez le jeu du Yi-King correspondant à son signe chinois, dans l'ouvrage consacré à son signe.)

2. *Le tirage.*

Il doit s'effectuer dans la concentration.
Prenez **trois pièces de monnaie** ordinaires et semblables — par exemple trois pièces de un franc.

Avant de commencer adoptez la convention suivante :

Face = *le chiffre 3*

Pile = *le chiffre 2*

Jetez les pièces.

Si le résultat est : deux pièces côté face et une côté pile, vous inscrivez 3 + 3 + 2. Vous obtenez donc un total de 8, que vous représentez par un trait brisé : ▬ ▬

Même figure si vous avez trois côtés pile (2 + 2 + 2 = 6)

Si vous obtenez deux côtés pile et un face (2 + 2 + 3 = 7) ou trois côtés face (3 + 3 + 3 = 9), vous dessinez un trait plein : ▬▬▬

En résumé, 6 et 8 correspondent à ▬ ▬ (Yin)

7 et 9 correspondent à ▬▬▬ (Yang)

Répétez cette opération *six fois*, en notant lors de chaque jet la figure obtenue que vous dessinerez, sur un papier en procédant, de la première à la sixième figure, de bas en haut.

Le résultat final, comprenant un trigramme du bas, ou trigramme inférieur, exemple : ☵ et un trigramme du haut, ou trigramme supérieur, exemple : ☲ sera

un hexagramme du Yi King, dans notre exemple :

Vous n'aurez plus qu'à rechercher son numéro dans la table puis à consulter la liste des hexagrammes pour trouver la réponse attendue. Dans notre exemple, l'hexagramme obtenu est le 63.

TABLE DES HEXAGRAMMES

Trigrammes	supérieurs		
	☰	☷	☳
Inférieurs			
☰	1	11	34
☷	12	2	16
☳	25	24	51
☵	06	7	40
☶	33	15	62
☱	44	46	32
☲	13	36	55
☴	10	19	54

Utilisez cette table pour retrouver les hexagrammes.
Le point de rencontre entre les trigrammes inférieur
et supérieur indique le numéro de l'hexagramme
que vous recherchez.

supérieurs

☵	☶	☴	☲	☱
5	26	9	14	43
8	23	20	35	45
3	27	42	21	17
29	4	59	64	47
39	52	53	56	31
48	18	57	50	28
63	22	37	30	49
60	41	61	38	58

LES HEXAGRAMMES DU CHEVAL

K'IEN

 1

Le créateur : l'énergie, la force et la volonté : des atouts de rêve pour un Cheval fougueux et ardent, mais hélas il lui faudra savoir attendre, et ne point se cabrer d'impatience...

K'OUEN

 2

Le réceptif : l'ardeur ne suffit pas à la création : il faut penser à la terre que vous foulez de vos sabots, et dans laquelle vous pouvez aussi vous enliser.

TCHOUEN

 3

La difficulté initiale : ce n'est pas avec colère et rage que vous démêlerez les ronces qui vous paralysent. Il vous faudra chercher, fouiller en vous : là peut-être, se trouve la chaîne qui vous entrave.

MONG

 4

La folie juvénile : « ce n'est pas moi qui recherche le jeune fou, c'est le jeune fou qui me recherche. » Ne portez pas d'œillères, sous prétexte de la peur du danger, et ne vous érigez point en exemple, même si vous êtes cheval de cirque...

SU

 5

L'attente : inutile de vous énerver avant le départ de la course : partez à temps...

SONG

 6

Le conflit : même avec des ruades et des grincements de mâchoire, soyez prudent et conciliant, cela vaut mieux qu'un tour de piste devant les tribunaux.

SZE

7 *L'armée :* vous qui aimez le panache et l'épopée, il y a peut-être des honneurs à gagner, à condition de respecter un minimum de discipline.

PI

8 *La solidarité, l'union :* unissez-vous, soyez solidaire... de votre horde.

SIAO TCH'OU

9 *Le pouvoir d'apprivoisement du petit :* il n'y a pas de petits obstacles, tout l'art réside dans le saut...

LI

10 *La marche :* « Marchez sur la queue du Tigre, il ne mord pas l'homme » : Revêtez votre habit de lumière, soyez grand seigneur, diplomate, élégant, vous êtes dans l'arène, et cette fois-ci les rôles sont inversés : vous êtes jockey, mais attention, votre monture a des rayures...

TAI

11 *La paix :* ne cherchez pas à convaincre, vous n'êtes pas sur la même longueur d'ondes – au besoin faites demi-tour, inutile de galoper à perdre haleine, lorsqu'on est dans une impasse...

P'I

12 *La stagnation :* maîtrisez votre ardeur, tempérez votre fougue ; éventuellement, si cela vous soulage, creusez une tranchée pour passer le temps – de toutes façons, il va falloir attendre.

T'ONG JEN

13 *La communauté avec les hommes :* même si vous êtes Cheval sauvage et solitaire, vous devrez quitter vos prairies ou vos steppes, devenez Cheval sociable, communiquez : le succès n'est qu'à ce prix.

TA YEOU

14 *Le Grand Avoir :* vous avez de précieux atouts entre les mains, mesurez vos chances, ne les gâchez point, par impatience et fanfaronnade...

K'IEN

15 *L'humilité :* il vous sera difficile de trouver l'équilibre, vous, Cheval impatient et vif ; adoptez au besoin la position horizontale. La réflexion avant l'action ne nuit pas, surtout à un Cheval fébrile.

YU

16 *L'enthousiasme :* le moins que l'on puisse dire, c'est que le Cheval aurait tendance à s'exalter un peu trop facilement, il s'emballe, fonce... Cette fois-ci, vous pouvez vous défouler, mais la poudre aux yeux ne suffira point.

SOUEI

17 *La suite :* vous êtes au beau milieu de l'arène, les projecteurs sont braqués sur vous... Pas trop d'euphorie sous les acclamations, ne soyez pas cabotin, ne vous laissez pas submerger par votre passion du spectaculaire.

KOU

18 *Le travail sur ce qui est corrompu :* sachez reconnaître vos torts, ne vous acharnez pas alors que la course est perdue, analysez les causes de votre échec.

LIN

19 *L'approche :* vous êtes sensible aux flatteries, à la flagornerie... méfiez-vous de ne pas finir piétiné par la foule des courtisans qui vous encensent.

KOUAN

20 *La contemplation :* le Cheval aura des intuitions fulgurantes, des pouvoirs médiumniques, des dons prémonitoires. Inutile pour cela de galoper au sommet de la tour, la fièvre et la turbulence ne pourraient que brouiller votre acuité visionnaire.

CHE HO

21 *Mordre au travers ou le procès criminel :* vous devez mordre à belles dents, ruer, vous cabrer, foncer à bride abattue, cela fera son petit effet ; en tout état de cause, montrez votre autorité.

PI

22 *La grâce :* ne tombez pas dans le piège des apparences, même si elles sont flatteuses. Rien ne vous empêche de souper aux chandelles dans votre studio, mais n'oubliez pas les réalités parfois oppressantes du monde extérieur.

PO

23 *L'éclatement :* ne rien entreprendre, l'édifice est rongé de l'intérieur, ne restez pas en-dessous.

FOU

24 *Le retour :* après avoir galopé dans les ténèbres, vous voilà en pleine lumière, la crise est derrière vous, inutile de vous retourner... souvenez-vous de la femme de Loth qui fut changée en statue de sel.

WOU WANG

25 *L'innocence :* l'intuition vous guide, c'est une bonne chose, à condition que vous restiez équitable et impartial. Si elle ne vous guide qu'à l'écurie, c'est que vous avez probablement besoin de repos.

TA TCH'OU

26 *Le pouvoir d'apprivoisement du grand :* puissance et force. On a misé sur vous et vos compétences, vous ne pouvez décevoir. Pour accroître vos chances, n'hésitez pas à vous renouveler.

YI

27 *Les commissures des lèvres :* alimentation matérielle et nourriture spirituelle : pour l'une, la discipline s'impose ; pour l'autre, peut-être un régime... mais pas de cheval.

TA KOUO

28 *La prépondérance du grand :* n'en prenez pas trop sur le dos ou les épaules, au moral comme au physique : si vous voulez gagner la course, faites appel à un porteur.

KAN

29 *L'insondable, l'eau :* ne changez pas votre direction, maintenez-là : même si l'orage menace, vous cabrer, ne l'arrêtera point.

LI

30 *Ce qui s'attache, le feu :* si l'ardeur est nécessaire, il est un temps pour la déployer, un autre pour la brider. La rage de perdre est toute aussi puissante que celle de gagner, soyez particulièrement perspicace, et circonspect.

HIEN

31 *L'influence* : sachez profiter de l'opportunité, rencontre ou association favorables, mais ne vous emballez pas : une promenade, n'est pas une épopée, cependant, ne la refusez pas, demain, le temps sera peut-être à la pluie...

HONG

32 *La durée* : remettez-vous en cause, même si cela vous paraît difficile, vous en avez besoin ; le résultat dépassera de très loin vos espérances.

TCHOUEN

33 *La retraite* : savoir se retirer n'est pas une fuite, mais une sagesse, gardez la tête haute,... sans écumer.

TA TCH'OUANG

34 *La puissance du grand* : force, mouvement, énergie. Des atouts merveilleux pour un cheval de course, à condition de savoir s'arrêter... avant les tribunes.

TSIN

35 *Le progrès* : si l'on vous accorde enfin les moyens de prouver vos compétences, n'hésitez pas à sortir votre grand jeu, vos lettres de noblesse, mais acceptez la collaboration et n'écrasez pas votre entourage.

MING YI

36 *L'obscurcissement de la lumière* : inutile de hénir lorsque dehors la nuit est d'une obscurité impénétrable. Si vos plombs ont sauté, ne cherchez pas les bougies, attendez l'aube...

KIA JEN

37 *La famille :* à ne pas considérer seulement comme une « écurie chaude et confortable », cherchez davantage à vous y intégrer, en respectant ses structures. Vous en avez, ou vous en aurez besoin.

K'OUEI

38 *L'opposition :* bien que vous soyez fort pour le saut d'obstacle, cela ne doit pas vous détourner de la rigueur et de la discipline. Trop de facilité peut vous être fatal.

KIEN

39 *L'obstacle :* vous y voilà — il faut dire que vous avez l'art d'aller au-devant de lui, c'est une technique qui en vaut une autre, mais si l'on vous tend la main, ne la refusez pas — dépasser l'obstacle avec aide est plus important que de s'y briser les dents par orgueil... tout seul.

HIAI

40 *La libération :* pratiquez le grand nettoyage, sans plus attendre : repartez à zéro... Du bon sabot.

SOUEN

41 *La diminution :* les temps sont durs pour les chevaux de lumière, amoureux du faste et du luxe... Sachez redécouvrir la simplicité et la sincérité...

YI

42 *L'augmentation :* vous êtes opportuniste, et c'est le bon moment de l'être. Saisissez l'occasion, le moment propice, période d'épanouissement et d'avoine abondante.

KOUAI

43 *La percée :* « avancer avec force et sans compromis ». Montez à la tribune, descendez dans l'arène, ne négligez rien, dénoncez le scandale : rôle de prédilection pour le Cheval.

KEOU

44 *Venir à la rencontre :* vous n'aimez guère les contraintes, les brides et les harnais, alors ne vous liez point, ne vous associez pas à ce qui entrave... Méfiez-vous des eaux dormantes : elles distillent parfois de terribles poisons.

TS'OUEI

45 *Le rassemblement :* ...a été sonné, veillez à ne pas vous faire dépasser par des éléments incontrôlés, votre peur de l'échec pourrait se transformer en panique.

CHENG

46 *La poussée vers le haut :* il ne faudra rien laisser au hasard, démontrez vos compétences, assumez vos responsabilités, vous vous sentirez en accord avec votre être profond.

K'OUEN

47 *L'accablement :* inutile de vous cabrer ou d'écumer de rage, il faut accepter la situation, vous êtes en baisse de tonus, en perte de vitesse... Reprenez donc votre souffle et ne baissez pas les oreilles.

TSING

48 *Le puits :* vous éprouvez le besoin de changer, de bouleverser votre vie, vos habitudes... Ce sera positif à condition que vous respectiez les règles élémentaires qui régissent l'évolution du corps et l'épanouissement de l'esprit.

Le Destin et ses ambiguïtés

KO

49 *La révolution :* vous qui aimez être en première ligne, vous allez être servi, les mutations, les affrontements, voire les désordres, sont parfois indispensables.

TING

50 *Le chaudron :* symbole des cinq Éléments Terre-Bois-Feu-Eau-Métal, nourriture du corps et de l'esprit. Respectez-les, et vous terminerez peut-être votre course dans la peau d'un Cheval céleste...

TCHEN

51 *L'éveilleur, l'ébranlement, le tonnerre :* des épreuves et des conflits à l'horizon, ne déviez pas de votre route ; de la discorde jaillira peut-être la lumière. Gardez votre calme.

KEN

52 *L'immobilisation :* restez à l'écurie, c'est dans le calme et la solitude que vous retrouverez la force ; tenez-vous en au présent.

TSIEN

53 *Le progrès graduel :* ne cherchez pas à griller les étapes, franchissez-les progressivement, vous n'y perdrez pas votre énergie – ni votre fierté !

KOUEI MEI

54 *L'épousée :* ...est peut-être un bon parti à considérer, en tant que relation libre... pour l'instant.

FONG

55 *L'abondance :* état de plénitude, de prairies vertes et de grandes étendues, le Cheval devra se préparer moralement au sol aride et à l'espace restreint, respectant ainsi l'alternance du Yin et du Yang...

LIU

56 *Le voyageur :* prenez une certaine distance, éloignez-vous momentanément ; il faut savoir rompre, pour mieux renouer avec l'espace et la liberté.

SOUEN

57 *Le doux :* comme le roseau se plie sous le poids du vent, le Cheval devra éviter de s'opposer. La vraie force consiste à épouser les courants et les formes, non à s'y briser en assauts forcenés.

TOUEI

58 *Le serein, le joyeux :* le Cheval, parfois égoïste, découvrira que la joie de donner est aussi grande que celle de recevoir.

HOUAN

59 *La dissolution :* travailler dans un but commun, pour le plaisir, sans intérêt, sans arrière pensée, ni contrainte, voilà une thérapeutique à découvrir...

TSIE

60 *La limitation :* il ne faut pas se l'imposer arbitrairement, on doit en ressentir le besoin...

TCHONG FOU

61 *La vérité intérieure :* ne se crie pas sur les toits, l'appliquer au quotidien, sans en faire étalage, est plus convaincant...

SIAO KOUO

62 *La prépondérance du petit :* vos moyens sont limités, inutile de vous lancer dans de grands projets ; accepter l'échec, c'est déjà le surmonter...

KI TSI

63 *Après l'accomplissement :* même en état de maturité, d'équilibre et de maîtrise, il faut envisager la remise en cause. Après la montée, la descente – mais pas forcément aux enfers...

WEI TSI

64 *Avant l'accomplissement :* vous n'en êtes pas encore à la remise de médaille ou au grand prix...

Les douze Dragons
du nouvel an chinois

TABLEAU GÉNÉRAL
DES ANNÉES CORRESPONDANT
AUX SIGNES CHINOIS

LE RAT

31.1.1900 / 18.2.1901
18.2.1912 / 5.2.1913
5.2.1924 / 24.1.1925
24.1.1936 / 10.2.1937
10.2.1948 / 28.1.1949
28.1.1960 / 14.2.1961
15.2.1972 / 2.2.1973
20.1.1984 / 8.2.1985

LE BUFFLE

19.2.1901 / 7.2.1902
6.2.1913 / 25.1.1914
25.1.1925 / 12.2.1926
11.2.1937 / 30.1.1938
29.1.1949 / 16.2.1950
15.2.1961 / 4.2.1962
3.2.1973 / 22.1.1974
9.2.1985 / 28.1.1986

LE TIGRE

8.2.1902 / 28.1.1903
26.1.1914 / 13.2.1915
13.2.1926 / 1.2.1927
31.1.1938 / 18.2.1939
17.2.1950 / 5.2.1951
5.2.1962 / 24.1.1963
23.1.1974 / 10.2.1975
21.1.1986 / 16.2.1987

LE CHAT

29.1.1903 / 15.2.1904
14.2.1915 / 2.2.1916
2.2.1927 / 22.1.1928
19.2.1939 / 7.2.1940
6.2.1951 / 26.1.1952
25.1.1963 / 12.2.1964
11.2.1975 / 30.1.1976
17.2.1987 / 5.2.1988

LE DRAGON

16.2.1904 / 3.2.1905
3.2.1916 / 22.1.1917
23.1.1928 / 9.2.1929
8.2.1940 / 26.1.1941
27.1.1952 / 13.2.1953
13.2.1964 / 1.2.1965
31.1.1976 / 17.2.1977
6.2.1988 / 26.1.1989

LE SERPENT

4.2.1905 / 24.1.1906
23.1.1917 / 10.2.1918
10.2.1929 / 29.1.1930
27.1.1941 / 14.2.1942
14.2.1953 / 2.2.1954
2.2.1965 / 20.1.1966
18.2.1977 / 6.2.1978

LE CHEVAL

25.1.1906 / 12.2.1907
11.2.1918 / 31.1.1919
30.1.1930 / 16.2.1931
15.2.1942 / 4.2.1943
3.2.1954 / 23.1.1955
21.1.1966 / 8.2.1967
7.2.1978 / 27.1.1979

LA CHÈVRE

13.2.1907 / 1.2.1908
1.2.1919 / 19.2.1920
17.2.1931 / 5.2.1932
5.2.1943 / 24.1.1944
24.1.1955 / 11.2.1956
9.2.1967 / 28.1.1968
28.1.1979 / 15.2.1980

LE SINGE

2.2.1908 / 21.1.1909
20.2.1920 / 7.2.1921
6.2.1932 / 25.1.1933
25.1.1944 / 12.2.1945
12.2.1956 / 30.1.1957
29.1.1968 / 16.2.1969
16.2.1980 / 4.2.1981

LE COQ

22.1.1909 / 9.2.1910
8.2.1921 / 27.1.1922
26.1.1933 / 13.2.1934
13.2.1945 / 1.2.1946
31.1.1957 / 15.2.1958
17.2.1969 / 5.2.1970
5.2.1981 / 24.1.1982

LE CHIEN

10.2.1910 / 29.1.1911
28.1.1922 / 15.2.1923
14.2.1934 / 3.2.1935
2.2.1946 / 21.1.1947
16.2.1958 / 7.2.1959
6.2.1970 / 26.1.1971
25.1.1982 / 12.2.1983

LE SANGLIER

30.1.1911 / 17.2.1912
16.2.1923 / 4.2.1924
4.2.1935 / 23.1.1936
22.1.1947 / 9.2.1948
8.2.1959 / 27.1.1960
27.1.1971 / 14.2.1972
13.2.1983 / 1.2.1984

Les dates indiquées précisent le **premier** *et* **dernier** *jour
de l'année du signe.*

TABLE DES MATIÈRES

BIBLIOGRAPHIE

Catherine Aubier *Astrologie Chinoise* (M.A. Éditions).
Danielle de Caumon, *A.B.C. de l'Astrologie chinoise* (Jacques Grancher).
Paula Delsol *Horoscopes chinois* (Mercure de France).
Granet, *Pensée chinoise* (Albin Michel).
Jean-Michel de Kermadec *Les huit signes de votre destin* (L'Asiathèque).
Suzanne White *L'Astrologie chinoise* (Tchou).

Pour le Yi-King :
Le livre des Mutations (Éditions Médicis).
Le Yi-King, par Dominique Devic (L'Autre Monde, n° 16).

ICONOGRAPHIE

● Collection personnelle des auteurs et du maquettiste.
● Les trois royaumes — Nghiêm Toan/Louis Ricaud — Collection Unesco.

Pour la quatrième partie :

● Japanese Prints - Drawings from the Vever Collection. Jack Millier Tomes 1, 2 et 3 (Sotheby Parke Bernet, 1976).
● Gale Catalogue of Japanese Paintings and Prints - Jack Hillier (Saners - Valansot Publication, 1970).

● Historia — Hors série n° 8 — p. 104 *(Tallandier).*

IMPRIMÉ EN FRANCE PAR BRODARD ET TAUPIN
Usine de La Flèche (Sarthe), le 30-06-1987.
6275-5 - Dépôt légal, Juillet 1987.